35살, 35채로 인생을 바꾸다

오피스텔 투자 바이블

오피스텔 투자 바이블

정철민 지음

매일경제신문사

부자 되는 마지막 기회,
서울 준신축 오피스텔 투자

"어디에 투자해야 할지 모르겠다." 주변의 투자자 모임을 나가면 다들 한숨을 내쉬며 이렇게 이야기한다. 투자할 돈이 부족한 것보다 투자의 방향성을 잃은 것이 더 큰일이기 때문에 하는 말이다. 아파트는 하락세로 접어들었고, 종합부동산세(이하 종부세) 부담이 없는 상가나 토지에 투자하자니, 금리가 치솟아 부담스럽다. 저렴한 지방 아파트나 서울 빌라에 투자하기에는 취득세 12%가 다주택자의 발목을 잡는다. 가만히 현금을 쥐고 있자니 현금이 녹아내리는 것만 같아서 불안하다. 사실, 이것은 필자가 2022년 초부터 매일매일 하던 이야기였다. 상가, 코인, 주식, 외환 투자도 해보고 토지 투자나 창업도 알아보다가 결국 해답을 찾지 못했다.

원래는 다가구주택이나 상가 건물을 신축하려고 토지나 건축업자들을 알아보고 있었다. 건축업체 현장소장을 만나서 이야기를 나눴는데

"10년 전보다 건축비가 2배나 올랐어, 그냥 최근에 지어진 것을 사는 게 나아"라고 했다.

무릎을 '탁' 쳤다. '인플레이션의 타격을 받지 않고, 세금 부담이 적은 준신축 주거 투자 상품이 무엇이 있을까? 대출 규제도 피해 가면서, 레버리지도 잘되는 상품이 무엇이 있을까?' 고민 끝에 '서울 준신축 오피스텔'이라는 해답을 찾아서, 매수계약 직전까지 가서 계좌번호를 받으려던 찰나였다. 그런데 공인중개사에게 "선생님, 죄송합니다. 매도자분이 갑자기 매물을 거두셔서 거래가 힘드실 것 같습니다"라는 답장이 왔다.

매도자가 "정권이 바뀌어서 더 보유해도 괜찮을 것 같습니다"라고 이야기하며 매물을 거둬들였다고 한다. 그때 알았다. 투자할 돈이 없는 거지, 투자처가 없는 것은 아니라는 것을 말이다. 아파트 하락장에도 투자처는 있다. 기회는 항상 곳곳에 널려 있는데, 내가 보지 못한 것뿐이다. 그 뒤로 정신없이 오피스텔을 매수하다 보니, 서재에 꽂혀 있는 부동산 계약서 파일이 40개가 다 되었다. 이렇게 실제로 오피스텔에 투자하면서 쌓은 노하우를 아낌없이 이 책에 적었다.

이 책은 필자처럼 방향성은 정했어도, 오피스텔에 대한 정확한 정보가 없어서 투자를 주저할지 모르는 투자자들에게 도움을 주기 위해서 집필했다. 이미 필자의 유튜브 채널 '사다리TV'로 많은 투자자에게 오피스텔 정보를 제공하고 있지만, 실수요자나 일반인들에게 오피스텔 투자를 알리기에는 부족함이 많다고 느꼈다. 그래서 혹시 오피스텔 실수요자가 서점에서 우연히 이 책을 집어 들고 매수를 결정한다면, 마지막

자산 상승장에 1명이라도 더 탑승시킬 수 있을 것 같아서 빠르게 집필하게 되었다. 그 1명이 투자처를 찾아 헤매는 MZ세대라면 필자는 더 뿌듯할 것이다.

이 책은 크게 3가지 내용을 담고 있다. 첫 번째는 '편견 깨기'다. 오피스텔은 절대 오르지 않는다는 편견을 깨고 대중과 반대로 행동하는 것을 이야기한다. 오피스텔 매수는 초심자에게는 두렵다. 그 편견을 깨려면 확실한 데이터와 근거, 논리로 무장해야 한다. 과거에 오피스텔이 왜 2배나 올랐고, 지금이 그때랑 똑같은 상황이라는 것을 설명한다.

두 번째는 '오피스텔 투자 실전'에 대한 내용이다. 오피스텔은 아무거나 사면 물린다. 어떤 지역의 어떤 오피스텔을 사야 하고, 오피스텔 단지를 고르는 방법까지 세세하게 설명했다. 되도록 구체적인 투자 사례들을 가지고 설명하려 노력했다. 또한, 오피스텔뿐만 아니라 다른 투자에도 적용될 수 있는 갭 투자 방법들도 다루고 있다.

세 번째는 '오피스텔 세금'과 관련된 내용이다. 오피스텔은 카멜레온과 같아서 주거용, 업무용 등 용도에 따라서 내는 세금의 경우의 수가 천차만별이다. 무주택자, 1주택자도 지위를 유지해가면서 부동산 투자를 할 수 있는 것이 유일하게 오피스텔이다. 오피스텔 세금만을 전문적으로 다룬 책은 어디에도 없다. 오피스텔만을 위해서 쓰인 책이니, 세금도 자세히 다루면서 오피스텔 종부세에 대해서도 자세하게 다루었다.

오피스텔 투자와는 별개로, 우리나라에도 젊은 부자들이 많이 탄생했으면 개인적인 바람도 있다. 젊은 부자가 되려면 남들처럼 똑같이 해서는 불가능하다. 남들과는 다른 길을 걸어야 빠르게 부자가 될 수 있다. 이 책을 읽고 오피스텔 투자를 하지 않더라도, 편견을 깨는 연습을 하고, 마인드가 개조되어 젊은 부자가 많이 탄생했으면 한다.

끝으로 이 책을 집필할 때 가장 큰 도움을 주신 우리 '사다리TV' 구독자분들께 감사의 말씀을 전한다. 이 책의 집필 방향은 구독자분들이 가이드를 줬다고 해도 과언이 아니다. 구독자분들이 남겨주신 댓글, 질문, 답변, 사연, 정보가 이 책에 모두 녹아 있다. 부린이들이 궁금해하는 점, 오피스텔 투자가 망설여지는 이유, 오피스텔 투자에 대해 자주 들어오는 질문들을 알고 이 책을 작성했기 때문에 독자들의 궁금한 부분들을 잘 포착했다고 생각한다.

또한, 책을 쓸 수 있게 2개월 동안 '육아 열외'를 시켜준 배우자에게도 미안하고, 고맙다는 말을 꼭 하고 싶다. 마지막으로 초보 유튜버에게 선뜻 출판 제의를 해주신 ㈜두드림미디어 한성주 대표님과 오피스텔 대세 상승장이 오기 전에 빠르게 편집해주신 편집자분들께도 감사의 말씀을 드리고 싶다.

정철민(사다리)

CONTENTS

프롤로그. 부자 되는 마지막 기회, 서울 준신축 오피스텔 투자　　　4

Part 1.
2030세대 아직 부자 될 기회는 남아 있다

서울 오피스텔은 2030세대의 마지막 투자 기회다　　　14
선입견을 버려야 돈의 길목을 지킬 수 있다　　　18
2012년에 오피스텔은 왜 2배나 올랐을까?　　　22
8년 차 투자자가 아파트를 팔고 오피스텔을 사는 이유　　　26
1.5룸, 투룸이 아니라 원룸 오피스텔을 사라고?　　　31

Part 2.
원룸 오피스텔이 오르는 이유

지방 아파트 vs. 썩은 빌라 vs. 오피스텔　　　38
둔촌주공아파트 사태로 보는 오피스텔 가치평가　　　43
유일무이한 소액 투자처　　　48
유동성이라는 녀석　　　52

Part 3.
좋은 오피스텔을 골라보자

매수하기 전에 매도를 먼저 생각하라　　　60
어디에 있는 오피스텔을 골라야 할까?　　　65
투자 사례 : 직주근접 끝판왕, 당산역 해링턴타워　　　68
지피지기 백전백승, 임차인을 연구하라　　　73
투자 사례 : 중소기업 직장인들이 몰리는 가산센트럴푸르지오시티　　　77

여성이 안전한 오피스텔이 공실이 없다   81

투자 사례 : 전세가보다 싸게 산 문정동 엠스테이트   85

이영애 같은 오피스텔을 사야 오른다   89

투자 사례 : 관리 잘된 갓성비 오피스텔, 신림역 삼모더프라임타워   94

오피스텔 수익률이 높은 것이 좋은가요?   98

복층, 하이엔드, 지방 오피스텔은 어떨까요?   102

매도는 언제 해야 할까요? 언제까지 오를까요?   106

투자 사례 : 안 팔고 싶은 청계천두산위브더제니스 오피스텔   110

- 오피스텔 투자 체크리스트   114

Part 4.
오피스텔 지역분석

전 국민이 좋아하는 강남   118

교통과 일자리, 영등포와 여의도   122

전통적인 업무지구, 서울시청   125

20대 중소기업 직장인이 많은 구디, 가디   129

고소득 SW 개발자가 넘치는 분당, 판교   133

Part 5.
앞으로 오를 오피스텔 단지

새로운 지하철 출구가 생긴다면?   140

대장이 오르면 따라 오른다   144

역발상 투자처   148

지역별 갭 메우기, 구(舊)성남 위례   152

서울의 마지막 신도시, 마곡지구   156

CONTENTS

Part 6.
소액으로 쉽게 큰돈 버는 투자 비법

갭 투자 3가지 분류	162
갭 투자는 매물 체크가 필수	167
갭 투자에 최적화된 매물 고르기	171
갭 투자 협상하는 법(매도인, 임차인, 중개인)	176
전세 만기가 다가오는데 어떡하죠?	181
내가 강남 오피스텔을 한 채도 사지 않은 이유	186

Part 7.
오피스텔 대출 뽀개기

오피스텔 대출은 얼마나 나올까?	192
한도가 잘 나오는 사업자대출	197
무갭 투자하려면 전세를 공부해야 한다	202
임대인이 전세대출까지 알아야 해?	207

Part 8.
오피스텔 세금은 카멜레온

오피스텔 투자, 취득세의 비밀	218
오피스텔 보유세의 비밀	222
오피스텔 절세 꿀팁	228
오피스텔 양도세의 비밀	232
오피스텔 분양권과 부가세	237
임대사업자 등록을 해야 할까요?	243

오피스텔 주택 수 총정리   247

업무용 오피스텔의 비밀   252

무주택자, 1주택자가 명의 문제를 해결하는 방법   256

에필로그. 부자가 되려면   261
- 롱런하는 부동산 투자 원칙   265

Part 1.

2030세대
아직 부자 될 기회는
남아 있다

서울 오피스텔은
2030세대의 마지막 투자 기회다

서울 아파트는 2013년에 바닥을 찍고 3배 가까이 올랐다. 책을 쓰고 있는 2022년 8월 현재, 변곡점에 서 있다. 반포, 압구정의 아파트는 평당 1억 원을 넘은 지 오래다. 어느 정도 상승을 시작했을 때는 서울 아파트를 지금이라도 사야 한다는 것도 알고 있었다. 하지만 2030세대가 가진 현금으로는 계약금조차 안 되어, 눈 뜨고 코 베인 기분이다. 9급 공무원 봉급이 월 200만 원이 넘지 않는 마당에 평당 1억 원이라는 가격은 현실적으로 느껴지지 않는다.

나는 1988년에 서울에서 태어났다. 베이비붐 세대의 자녀로서 전형적인 에코(Echo) 세대다. 고3을 거쳐서 대입 수학능력시험을 보고, 대학교에 입학하고 취직을 하는 것이 보통인 세대다. 그렇지만 서울의 아파트를 구매하는 것은 꿈일지도 모른다. 서울 아파트 중위 가격은 10억 원을 넘어섰다(10억 9,160만 원, KB국민은행 2022년 8월 30일 조사 기준). 부부가 영혼까지 끌어모아도 매수할 수가 없는 금액이 되었다. N포세대라는 말이 있지 않은가? 친구들은 지금 서울 집값은 거품이라고 '정신승리' 하며 집 사는 것을 포기하는 지경에 이르렀다. 혼인율과 출산율이 낮아져 각종 수당을 정부에서 퍼주고 있지만, 집을 사지 못하는데 누가 혼인을 하고 애를 낳겠나 하는 생각이 든다.

이대로 포기해야 할까? 신세 한탄이나 하려는 것은 아니다. 2030세대가 마지막으로 부동산 상승장에 막차를 탈 방법을 널리 알리고자 이 책을 쓰기로 마음먹었다. 2030세대는 상대적으로 가진 현금이 부족하다. 2030세대에게 서울 아파트는 애초부터 투자할 수 없는 금액대라, 주식이나 코인으로 관심을 돌렸다. 동학개미운동에 매수했다면, 그나마 다행이다. 뒤늦게 주식 매수행렬에 동참하고, 코인까지 손을 댔다면 그나마 갖고 있던 투자금도 반의 반토막이 났을 것이다. 그 반의 반토막으로 투자할 수 있는 마지막 투자처가 서울 원룸 오피스텔이다. 그리고 상승할 여력이 많이 있다.

그나마 필자는 2016년 대전 부동산 가격이 바닥일 때 신혼집을 매수했다. 운 좋게 지방 아파트 상승장에 간신히 올라탔다. 상승의 맛을 보고 부동산 투자를 여러 해 거치면서 경험이 쌓였다. 덕분에 유동성의 방향을 대충 가늠할 정도는 되는 것 같다. 수도권에 사는 2030세대 중 일부는 지방 아파트 상승장이라도 놓치고 싶지 않아서, 뒤늦게라도 부동산 공부를 열심히 하고 아파트를 사러 전국을 누빈다. 필자가 가장 우려스러운 것은 경험이 많지 않은 젊은 투자자가 인구 20만 명이 안 되는 지방 소도시 구축 아파트에 물려서 귀한 종잣돈을 그대로 묵혀버리는 것이다. 일찍이 서울과 지방 아파트에 투자한 투자자들은 자산도 크게 불어나서 한두 채 물려도 상관없겠지만, 후발주자로 뛰어든 2030세대가 투자의 기회를 잃고, 속칭 '설거지' 당하지 않았으면 좋겠다.

의외로 돈 벌 기회는 2030세대 바로 옆에 있다. 오피스텔에 가장 많이 거주하는 나이대는 20, 30대일 것이다. 직장을 구하고, 근처에 자리 잡으면서 자연스럽게 실거주 원룸을 알아보러 다닌다(이것이 사실 임장이다). 몇 번 살아보니 오피스텔 보는 눈도 생긴다. 창틀은 어떤 것이 좋은지, 관리비도 따져보고, 치안이 어떤지도 살펴본다. 사실은 오피스텔은 20, 30대가 제일 잘 안다. 예전에는 없던 주거 형태이기 때문이다.

2030세대가 우위에 있는 것이 또 하나 있다. 프롭테크(Prop-tech)다. 호갱노노, 네이버 부동산, 네이버 지도, 카카오 맵, 아실, 카카오톡 단톡방, 부동산 스터디 카페, 블로그, 인스타그램, 유튜브, 맘카페, 구글링 등을 총동원해서 삽시간에 많은 정보를 취합할 수 있다. 취합한 정보를 수치화해서 엑셀로 정리하고, 머릿속에 받아들이는 것이 가능하다.

오피스텔은 아파트 투자와는 다르게 단지를 꼼꼼히 선별해서 조심히 투자해야 한다. 아파트처럼 매도가 쉬운 상품이 아니므로 대충 투자해서는 안 된다. 오피스텔은 모든 정보를 꼼꼼히 체크해야 하므로 정보력이 뛰어나고, 스마트폰이 익숙한 20, 30대가 절대적으로 유리하다.

오피스텔 투자가 20, 30대에게 적합한 또 다른 이유는 투자금이 거의 들지 않는다는 점이다. 지방 광역시라도 괜찮은 아파트를 갭 투자하려면 최소한 1억 원은 있어야 한다. 반면 서울 원룸 오피스텔은 투자금 500만 원으로 당장 시작할 수 있다. 가끔은 취득세, 중개수수료를 내고 돈이 오히려 남기도 했다. 계약금이 없어서 말로 때우거나, 공인중개사에게 빌려서 계약금을 내고 잔금을 치른 적도 있었다. 그랬던 원룸 오피스텔들이 1년도 안 된 지금, 3,000만 원씩 올라서 실거래가 되고 있다(내가 볼 때는 이제 겨우 걸음마 수준의 상승이다). 그래서 종잣돈이 부족한 20, 30대가 투자할 수 있는 마지막 투자처가 서울 원룸 오피스텔이다.

필자는 내 친구, 내 동생 같은 독자들을 마지막 부동산 상승장 버스에 태우려고 이 책을 쓰고 있다. 아마 첫 투자인 독자도 있을 수 있고, 흔히 오피스텔에 대해서 가진 선입견 때문에 오피스텔 투자를 망설이는 독자도 있을 것이다. 서울 원룸 오피스텔이 오른다는 강한 믿음과 확신이 없다면, 부자가 될 마지막 기회를 또 흘려보낼 수도 있다. 그러니 부디 이 책을 읽고 있는 2030세대 독자라면 이 책을 가볍게 보지 말고 오피스텔이 오른다고 확신하며 첫 투자를 실행에 옮겼으면 한다. 오피스텔은 종잣돈이 없는 젊은 투자자가 큰 부자가 될 수 있는 마지막 기회다.

선입견을 버려야
돈의 길목을 지킬 수 있다

"오피스텔은 절대 사면 안 된다. 절대 안 올라." 필자의 아버지가 하신 말씀이다. 아버지도 오피스텔에 투자하셨던 때가 있었다. 언제 매수하셨는지는 모르지만, 지난 오피스텔 상승장에 사셨으리라 짐작한다. 아마 언론과 주변 사람들의 말과 본인의 투자 경험을 종합해서 이런 말씀을 해주셨던 것 같다.

"오피스텔은 안 오른다." 이 말을 누구나 한 번쯤 들어봤을 것이다(근거는 잘 기억이 나지 않을 거다). 오피스텔뿐만 아니라 편견을 깨고 세상을 바라봐야 성공할 수 있다. 부자가 되려면 대중과 반대로 행동해야 한다. 큰 위기가 왔을 때 큰 부자가 될 수 있다. IMF가 왔을 때 1억 5,000만 원에 대치동 은마아파트를 샀다면 어땠을까? 코로나19로 주식과 코인이 반토막이 나서 모두가 매도 버튼을 누를 때, 과감하게 매수한 사람은 큰 부자가 되었다. 마찬가지로 지금 오피스텔을 과감하게 매수한다면 큰 수익을 안겨주리라고 믿는다.

2019년 12월, 3주택 이상일 경우 취득세를 4.6%로 올린다는 법안이 갑자기 발의되었다. 이때 순간적으로 9억 원 초과 주택과 아파텔이 뜰 것이라는 생각이 들었다(9억 원 초과는 취득세가 3.3%라 큰 차이가 없다). 아파텔은 당시만 해도 시세가 전혀 오르지 않았다. 수도권에 집이 필요하다는 누나를 강제로 끌고 오다시피 해서 위례신도시에 있는 지웰푸르지오 아파텔을 보러 갔다. 그때만 해도 9억 원 후반대여서 얼른 사라고 부추겼다. 그때 아버지가 누나에게 하신 말씀이 "오피스텔은 절대 사면 안 된다"였다. 아쉽게도 선입견 때문에 첫 번째 매수기회를 놓쳤다. 그 단지는 최고가 14억 5,000만 원까지 거래되었다.

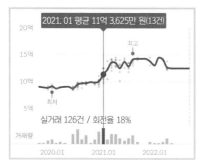
위례신도시 지웰푸르지오 아파텔(전용 84㎡)

정자동 두산위브파빌리온(전용 96㎡)

출처 : 호갱노노(이하 차트 동일)

2020년 7월, 다주택자 취득세 12% 세율이 발표되었다. 그해 겨울 다시 한번 누나 손을 잡고 정자역에 있는 두산위브파빌리온을 보러 갔다. 필자가 지난번에 추천한 단지가 상승한 것을 보고, 누나도 믿음이 갔는지 적극적으로 매물을 보러 다녔다. 이미 어느 정도 상승해서 9억 원 후반에서 10억 원 초반까지 매물이 나와 있었다. 매수 직전 단계까지 갔는데, 또다시 부모님이 같은 이유로 어깃장을 놓으셨다. 오피스텔은 절대 안 오른다는 선입견 때문에 결국 두 번째 매수기회를 놓쳤다. 이미 상승하고 있는 단지인데도 '오피스텔은 오르지 않는다'라는 틀린 명제 때문에 논 벌 기회를 놓쳤다. 이 단지도 최고가 14억 5,000만 원까지 상승했다.

필자는 청개구리 같은 투자 방식을 좋아한다. 사람들이 "오피스텔은 투룸, 쓰리룸만 올라"라고 하면, 속으로는 '시행사가 이제 분양이 잘되는 투룸, 쓰리룸만 지을 테니, 신축 원룸의 공급이 부족해지겠다'라고 생각하는 편이다.

2019년 가을에 전라북도 전주에 신축도 아닌 구축 아파트에 투자를 하러 갔더니, 공인중개사가 외지인인 필자를 이상한 눈초리로 쳐다봤다. "전주는 투자하는 데가 아닌데?"라고 말하는 공인중개사에게 오히려 필자는 전주 아파트를 사시라고 권했다. 결국, 사지 않으셨지만 2년만에 40%가 넘게 올랐다. 청개구리처럼 남들이 가지 않는 투자는 필연적으로 외롭고 두렵다. 가끔은 "내가 틀렸나?"라고 나 자신을 의심하고 자책할 때도 있다. 그러나 남들과 다른 길을 선택한 투자는 좋은 결과를 가져다주었다. 장점도 많다.

첫 번째로 좋은 점은 아무도 진입하지 않을 때 진입해서 좋은 동, 좋은 층의 매물을 싸게 가져갈 수 있다는 것이다. 투자자가 아무도 없었기에, 전세 매물을 내놓기가 무섭게 나갔다.

두 번째로 좋은 점은 내가 먼저 매도하고 나갈 수 있다는 것이다. 나는 바닥에서 사서 허리에 파는 투자를 좋아한다. 상승장의 끝에서 매도하려고 하면 오르지도 않을 부동산을 누가 사고 싶을까? 상승분의 절반만 취하고, 다음 매수자에게 나머지 반을 양보하는 편이다. 내가 전주에 투자한 지 2년쯤 지나자 시세가 꽤 오른 상태였고, 후발 투자자들이 몰려왔다. 너도나도 사려고 할 때 매물을 슬쩍 내놓았더니, 서로 사겠다고 아우성이었다. 지방 중소도시 구축 아파트였지만, 적은 돈으로 꽤 큰 수익을 안겨주었다. '지방 구축 아파트는 투자하면 안 된다'라는 선입견을 깨고, 반대로 행동했더니 일찌감치 돈의 길목에 서서 편하게 돈을 벌 수 있었다.

독자들이 지금 가진 선입견들을 다시 한번 검증해보길 바라는 마음에서 우리 가족 이야기와 전주 투자 이야기를 하게 되었다(그 뒤 누나는 늦게나마 원룸 오피스텔을 2채 매입해서 시세 상승을 맛봤다).

오피스텔 말고도 다른 투자 선입견이 있다. '세종은 상가 투자자의 무덤이다'라는 말도 있다. 반은 맞고, 반은 틀린 말이다. 실제로 세종 아름동 학원가 일대는 꼭대기 층까지 공실이 없고, 상가 투자자들의 사랑을 받는 구분상가다.

지금은 대중들이 굳게 믿고 있는 '강남 아파트는 절대 떨어지지 않는다'라는 말도 언젠가는 틀린 명제가 될 것이다. 독자 여러분은 선입견 때문에 제대로 검증해보지도 않고, 투자처에서 배제해 부자가 될 기회를 놓치지 않았으면 좋겠다.

필자는 앞으로 오피스텔이 정말 안 올랐는지 과거 데이터를 돌아보고, 왜 올랐는지를 설명하려고 한다. 그리고 원룸 오피스텔이 오를 이유에 대해서 조목조목 이야기해보겠다. 독자 여러분도 선입선을 버리고 깨끗한 도화지 상태로 책을 읽어주셨으면 좋겠다.

2012년에 오피스텔은
왜 2배나 올랐을까?

재미있는 그래프를 보여드리겠다. 독자 여러분도 다음 그래프를 보고 서울 아파트와 오피스텔이 어떤 관계가 있는지 유추해보자.

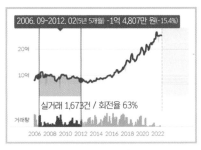

대치동 은마아파트

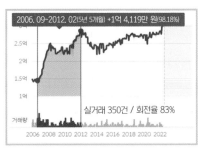

역삼동 대우디오빌플러스 오피스텔

변곡점	아파트	오피스텔
2007년 초	하락 시작	폭등 시작
2008년 중반	반등	주춤, 하락
2010년 중반	다시 하락 시작	다시 상승 시작
2012년 초	약세	하락
2013~2022년	반등	장기간 하락(또는 보합)

누가 각본이라도 쓴 것처럼 아파트와 오피스텔은 반대 상관관계를 보여주고 있다. 어떤 것이 먼저고, 어떤 것이 나중일까? 필자 생각에는 돈은 가장 좋은 놈, 서울 아파트에 먼저 머무른다. 거시적으로 보면 서울 아파트에 있다가, 서울 아파트가 휘청하면 돈이 오피스텔로 갈아타기를 한다. 덜 올랐기 때문이다. 개인의 관점에서 미시적으로 보면 서울 아파트가 많이 올라서, 그것을 매도한 돈으로 덜 오른 수익형 상품에 그냥 투자한 것뿐이다. 개인들의 지극히 이성적인 결정들이 모이고 모여서 저런 반대 상관관계의 그래프를 만들었다고 생각한다. 아파트값이 떨어지면, 그제야 눈을 돌리는 곳이 오피스텔이다.

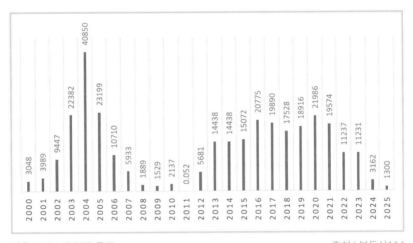

서울 오피스텔 입주 물량   출처 : 부동산114

지난 오피스텔 대세 상승장은 2007~2011년이라고 볼 수 있다. 공교롭게도 오피스텔 공급량이 줄어드는 때와 일치한다. 2008년 이후 신축 입주 물량이 2013년까지 곤두박질치고, 오피스텔 내내가도 급등한다. 그러다가 2013년부터 많은 양의 신축 오피스텔과 도시형생활주택의 입주물량이 2020년까지 이어지면서 하락한다. 생각보다 오피스텔 입주 물량이 상승 및 하락과 연관성이 높다는 것을 알 수 있다. 2021년 이후부터는 신축 오피스텔 입주 물량이 확연히 줄어드는 것을 봤을 때 상승의 역사가 반복될 가능성이 크다. 더군다나 현재 서울 아파트 시장이 하락의 조짐이 보이는 것마저도 지난 오피스텔 상승장과 너무나 흡사하다.

유럽의 유명한 주식 투자가 앙드레 코스톨라니(Andre Kostolany)는 주식 투자의 본질은 '심리'라고 말했다. 인간은 원래 '놀이하는 동물'로 타고 났기 때문에 돈이 쏠리는 그 심리를 역이용해서 투자하라고 한다. 인간이 하는 투자에서는 부동산이든, 주식이든 모두 같다고 생각하고 격하게 공감했다.

오피스텔 상승 원인의 본질은 무엇일까? 아파트 하락으로 투자할 곳이 없어지자, 그동안 오르지 않았던 오피스텔이 눈에 들어온다. 대중과 언론들은 많은 이유를 붙인다. 인플레이션이라서, 1인 가구가 늘어나서, MZ세대는 눈이 높아서 등…. 하지만 필자가 보기에는 아파트는 너무 올랐고, 주택 규제는 삼엄하니 투자할 만한 곳이 오피스텔밖에 남아 있지 않아서 투자금이 몰리는 것으로 생각한다. 쉽게 말해 '돈놀이' 할 만한 곳이 여기밖에 남지 않았다. 그래서 오르는 것이다.

지난 오피스텔 상승장을 언급하는 이유는 현재 상황이 지난 오피스텔 대세 상승 초기와 많이 유사하기 때문이다.

- 아파트가 너무 많이 올라서 부담되는 가격이다.
- 아파트가 하락한다면, 투자할 만한 '덜 오른 투자처'가 마땅치 않다.
- 오피스텔 입주 물량이 확연하게 줄어든다.
- 시중에 유동성을 많이 풀었지만, 오피스텔에는 유입되지 않았다.

주식 시장에서 "이번에는 다르다(This time is different)"라는 말이 있다. 이번만큼은 다르다며 온갖 이유를 갖다 대지만, 결국 같은 역사는 반복된다. 오피스텔이 안 오른다고 하는 사람들도 "이번에는 경우가 다르다"라고 이야기하지만, 역사는 반복될 것이다. 오피스텔 대세 상승을 눈앞에 둔 시점에서 책을 쓰자니 손이 떨리기까지 한다. 책이 출판되고 2년, 3년이 지난 뒤에 오피스텔 실거래가 그래프로 평가받았으면 한다.

8년 차 투자자가
아파트를 팔고 오피스텔을 사는 이유

필자는 아파트 투자자였다. 2016년부터 지방의 아파트를 사고팔면서 자산을 불렸다. 언론에서 말하는 투기꾼일지도 모르지만, 개인의 재테크 관점에서는 싸게 사서 비싸게 팔았다는 점에서 탁월한 선택이었다. 2018년, 대전에 투자했던 아파트에 나중에는 실거주까지 했다. 매수한 가격의 2배에 가까운 금액에 매도하고 월셋집으로 이사했다. 왜 이사까지 하면서 급매로 실거주 아파트를 팔았을까? 누가 봐도 비정상적으로 비쌌다. 서울도 마찬가지지만, 대전 30평대 아파트 하나를 살 돈에 조금만 보태면, 인근 동네에 작은 꼬마빌딩을 살 수 있었다. 확실히 아파트가 고평가라고 생각했기 때문에 저평가된 서울 오피스텔로 자산 갈아타기를 하기 위해서 실거주 아파트를 매도하고 투자금을 확보했다. 최고의 선택이었다고 생각한다.

필자는 웬만한 지역의 아파트는 2022년 8월 현재, 최고점에 이르렀다고 판단한다. 서울, 인천, 경기, 대전, 대구, 부산, 광주, 전주, 천안, 청주, 세종 등등 양도세 중과배제로 집주인들은 서로 매물을 내놓지만, 비싸진 가격에 매수자들의 문의는 뜸하다. 필자는 매물의 개수와 증감으로 부동산 분위기를 가늠한다. 그 이유는 아파트 공급을 신규 입주 물량만 보는 것이 아니라, 시장에 나와 있는 매도 물량도 입주 가능한 공급으로 보기 때문이다.

윤석열 정부 출범과 함께 양도세 중과가 배제되었고, 필자를 포함한 여러 다주택자가 매물들을 내놓기 시작했다. 매물은 쌓이기 시작했고, 일부 비과세해야 하는 급매들이 소진되면서 실거래가 된다. 매물이 하나도 없을 때는 실수요자들은 신고가를 찍으면서 매수를 하지만, 지금처럼 매물이 여럿 있는데 급매들이 거래되면 예비 매수자들은 그것을 시세라고 받아들인다.

결국, 매물의 개수가 많아지면 실수요자들은 느긋해지고, 일부 급한 매도자들에 의해서 시세가 내려가게 된다. 그게 결국 하락의 분위기로 전환이 된다. 그래서 필자도 더 떨어지기 전에 급매로 팔아 치워버렸다.

투자자의 숙명은 싸게 사서 비싸게 파는 것이다. 비싸게 팔고 습관적으로 '어떤 자산이 저평가되어 있는지'를 생각한다. 내 경험상 투자자 모임을 가면, 언론에서 말하는 악랄하고 편법을 일삼는 투기꾼들은 없고, 그냥 이웃에서 흔히 볼 수 있는 인상 좋은 아줌마, 아저씨들이 모여 있다. 재테크에 관심이 많은 평범한 직장인, 아기 엄마인 경우가 다수이고, 이 책을 읽는 독자들도 그중 하나일 것이다. 투사를 낳이 한 사람들과 자주 이야기를 나누어보면 놀라운 점을 발견했는데, 생각하는 사고

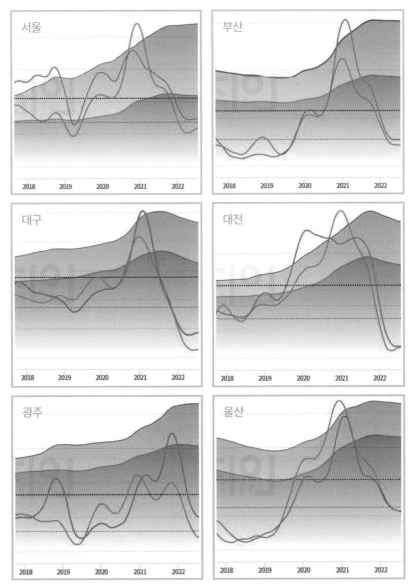

서울 및 5대 광역시 아파트 매매/전세 추이(2022년 8월 기준)　　　　출처 : 부동산 지인

과정이 모두가 비슷하다는 것이다. 그래서 어느 자산이든지 쏠림현상이 일어나고 거품이 끼는 것 같다는 생각이 든다.

결론적으로 요즘 아파트 투자자들의 생각이 조금씩 바뀌고 있다는 것을 포착했다. 공시가격 1억 원 이하 투자를 하던 투자자들도 어느 순간 가격이 비정상이라고 느끼고, 시장 분위기가 안 좋아지는 것을 직감하는 것 같았다. 그들에게도 이제 아파트 시장은 이른바 '먹을 게 없어 보여서' 투자 매력도가 떨어지고, 빌딩, 토지 같은 다른 투자처를 모색하고 있다. 이들이 매도해서 생긴 현금은 결국 다른 자산 시장으로 흘러 들어가고, 저평가된 부동산으로 갈 가능성이 크다.

유튜브 채널 '사다리TV'를 운영하면서 많은 구독자를 만나고, 투자를 많이 하신 분들과 개인적으로 연락을 하고 지낸다. 그들이 공통으로 입을 모으는 말은 '오피스텔도 이제 오를 것 같아서' 오피스텔을 알아보다가 내 채널을 구독까지 하게 되었다는 것이다. 투자자들이 본능적으로 '너무 싸다'라는 생각이 들 정도의 가격이고, 시장 상황은 오피스텔이 상승할 만한 여건에 놓여 있기 때문이다. 경험상, 오피스텔은 실수요자의 수요보다는 투자자의 수요가 90%다. 일찍이 생각을 바꾼 투자자들은 이미 오피스텔을 투자처로 타깃팅을 했고, 보수적인 투자자들도 조금씩 오피스텔로 생각을 바꾸고 있다. 앞서 이야기했듯이 투자자들의 생각은 놀랍게도 전부 비슷하고, 한번 분위기를 타면 특정 자산에 쏠림현상이 생기게 된다. 투자자 커뮤니티에 '오피스텔 매수기'가 올라오고, 신사임당 같은 유튜버도 '오피스텔'을 이야기하기 시작했다. 10년간 잠들어 있던 서울 원룸 오피스텔이 이제는 깨어나고 있다.

필자는 적지 않은 시간 부동산 시장을 지켜봤고, 계속 아파트 시장에 참여하고 있었지만, 이제는 보유하고 있는 아파트를 모두 정리하고 있다. 나뿐만 아니라 주변의 많은 다주택자와 법인 투자자들이 비슷한 생각을 하고 있다. 오피스텔 투자는 확고한 믿음이 없다면 실행에 옮기기 어렵다. 필자는 향후 2~3년간 서울 원룸 오피스텔이 오른다고 확신하기 때문에 아파트를 매도해서 자금이 생길 때마다 투자할 생각이다. 오피스텔에 모든 자산을 베팅했다고 과언이 아니다. 그만큼 서울 원룸 오피스텔 대세 상승장이 올 것이라고 자신 있게 말할 수 있다. 독자 여러분들이 필자처럼 오피스텔에 큰 비중을 둘 것이라고는 생각하지 않는다. 하지만 최소한 한 두 채라도 매수해서 오피스텔 자산 상승기에 조금이라도 올라탔으면 좋겠다.

1.5룸, 투룸이 아니라
원룸 오피스텔을 사라고?

오피스텔도 다 같은 오피스텔이 아니다. 지금은 원룸 오피스텔을 사야 할 때다. 공부상 오피스텔이지만 쓰리룸 아파텔, 투룸, 1.5룸, 원룸으로 나누어 구분할 수 있다. 이른바 아파트와 오피스텔의 합성어인 '아파텔'은 전용 84㎡ 정도다. 아파트 실평수로 본다면 26평과 외관상 똑같다. 전용 84㎡가 주를 이루는 이유는 이를 초과하면 바닥난방을 할 수가 없는 규제 때문이다. 주택 공급량이 부족해지자 2021년 겨울에 이 규제를 완화했다. 여기서 알 수 있듯이, 아파텔은 아파트의 대체재 역할을 한다.

대체재란 무엇인가? 아쉬운 대로 사는 재화다. 코로나19 마스크 파동 때, KF94 마스크를 사고 싶은데, 공급이 안 되니 너무 비싸 아쉬운 대로 KF80 마스크를 찾았다. KF80 마스크의 가격이 같이 올랐다. KF94 마스크가 공급이 원활해져 가격이 다시 내려가자, KF80 마스크를 굳이 찾지 않는다.

마찬가지로 아파트 가격이 내려간다면, 굳이 아파텔을 찾는 수요가 없어지기 마련이다. 쉽게 말해 아파텔의 매매가는 아파트보다 늦게 오르고, 아파트보다 먼저 떨어진다. 다음 그래프는 목동 하이페리온 주상복합 전용 138㎡와 오피스텔 전용 137㎡를 비교한 것이다(같은 전용면적이면 아파트가 훨씬 크다. 세대수가 많은 타입이 비교하기 좋아서 예시로 들었다).

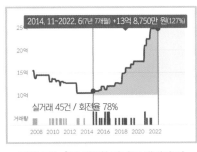

전용 138㎡ 주상복합 아파트 매매 추이   전용 137㎡ 오피스텔 매매 추이

아파트는 2014년 11월부터 거래량이 늘어나면서 폭등하는 그래프이지만, 오피스텔은 2017년 5월쯤 되어서 거래량이 회복되면서 상승하기 시작한다. 기왕이면 다홍치마라고, 두 개를 놓고 비교하면 사람들은 '아파트'를 사고 싶어 한다. 그러면 '아파트'가 충분하다면 아파텔은 외면받는다. 기억하자. 아파텔은 아파트의 대체재일 뿐이다. 그래서 아파트와 추이가 비슷하고, 아파트가 하락하기 전에 먼저 하락한다.

투룸은 어떨까? 투룸은 포지션이 아파트와 원룸 사이다. 1인 가구가 여유 있게 살기도 하고, 신혼부부, 3인 가구가 살기도 한다. 2021년부터 투룸이 오르기 시작했다. 필자도 투룸 오피스텔 투자 행렬에 동참

했고, 높은 상승률을 맛볼 수 있었다. 왜 투룸은 아파트가 상승한 지 한참 후에 오르기 시작한 것일까? 필자는 주택 규제가 심해져 아파트 다음 투자처로 투룸이나 상가, 건물을 생각했고, 다른 투자자들도 마찬가지였다. 주택 취득세가 투자의 가장 큰 걸림돌이었기 때문이다. 투룸의 전세보증금도 꾸준히 상승해서 투자금도 많이 들지 않았다. 필자가 투자할 때조차도 '진짜 오피스텔도 오를까?'라며 반신반의로 투자를 했지만, 서울 역세권 준신축 투룸은 1년여 만에 40%에 가까운 상승률을 보여주었다. 다음은 당산역 리버리치 투룸 오피스텔의 매매 추이다.

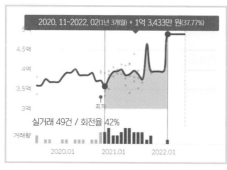

당산역 투룸 오피스텔 매매 추이

2021년 초부터 거래량이 폭증하더니, 2022년이 되니 1억 3,000만 원 이상(+37.7%) 올랐다. 이 오피스텔만의 특이한 상승이 아니다. 믿기 어렵다면 서울 역세권의 아무 투룸 오피스텔의 매매가 추이를 확인해보라.

이쯤 되면 그다음 상승할 자산군이 어디라고 생각하는가? 쓰리룸, 투룸…. 그다음 왠지 원룸일 거라는 생각이 들 것이다. 아마 유뷰브나 언론에서 갖가지 이유를 들 것이다. "혼인율이 떨어지고 이혼율이 오르고 있고, 1인 가구가 증가하고 있다. MZ세대들은 오피스텔을 선호한다. 수익형 상품이 다시 뜨고 있다" 등등…. 이런 것들은 결론을 뒷받침하기 위해 만들어진 원인에 불과하다.

원룸 오피스텔이 지금 오르는 이유는 간단하다. 나머지들이 다 올랐고, 원룸 오피스텔만 안 올랐기 때문이다. 쉽게 말해서 싸다. 투룸이 다 오르고 나니까, 그다음에 보이는 것이 10년째 안 오른 원룸 오피스텔이다. 그래서 오르는 것뿐이다. 투자자들은 이를 '유동성 장'이라고 부른다.

투룸 오피스텔 투자를 시작하던 때와는 다르게, 오피스텔도 오른다는 강한 믿음을 가지고 투자할 수 있게 되었다. '오피스텔은 안 오른다'라는 명제를 투룸 오피스텔에서 거짓임을 증명해냈기 때문이다. 많은 사람이 "전용률이 낮아서, 취득세 때문에, 관리비가 많이 나와서, 대지지분이 적어서, 금리가 올라서" 여러 가지 이유를 들이대면서 '오피스텔은 오르지 않는다'라는 주장을 폈다. 하지만 투룸 오피스텔이 높은 상승률을 기록하면서 '오피스텔도 오를 수 있구나'라는 믿음을 심어주었다.

필자의 유튜브 콘텐츠에 부정적인 사람들은 다시 같은 이유를 대면서 원룸 오피스텔은 오르지 않을 것이라고 주장한다. 그렇다면 서브프라임 직후에 원룸 오피스텔들이 오른 것은 어떻게 설명할 것인가? 원룸 오피스텔이 오르고 나서 미래의 대중과 언론들이 무슨 이유를 가져다 붙일지 궁금하다. 결론적으로 지금은 쓰리룸도 아니고 투룸도 아니고 원룸을 사야 한다. 아직 안 오른 유일한 주거용 상품이기 때문이다.

Part 2.

원룸 오피스텔이
오르는 이유

지방 아파트 vs. 썩은 빌라 vs. 오피스텔

2020년 7월 10일에 발표된 7·10 부동산 대책은 법인과 다주택 투자자들에게 사형선고와도 같았다. 앞으로 3주택 이상 취득을 구매할 경우 취득세가 12%에 해당하기 때문이다. 3억 원에 주택을 구매하면 넘어야 할 허들이 지방세를 포함해서 3,720만 원이나 들어간다. 따라서 적어도 20%는 오를 투자처를 찾아야 수익이 나게 되었다. 그러나 이런 취득세 규제에도 예외조항을 두었다. 주택의 공시가격이 1억 원 이하면 여전히 1.1%의 취득세를 적용한다. 7·10 부동산 대책 이후로 투자자들은 여러 투자처로 발길을 돌렸다. 공시가격 1억 원 이하 아파트, 재개발이 기대되는 공시가격 1억 원 이하 빌라(일명 썩은 빌라), 근린생활시설과 토지, 오피스텔 등이 있었다.

공시가격 1억 원 이하 지방 아파트

제 버릇 개 못 준다는 속담이 있지 않던가? 아파트 투자자들은 결국 아파트가 가장 편했다. 그들은 공시가격 1억 원 이하의 아파트들을 찾아서 전국을 하이에나처럼 떠돌았다. 2021년까지 공시가격 1억 원 이하 아파트들은 약 2배의 상승을 했다. 공시가격이 1억 원을 초과한 더 나은 아파트보다 거래가 활발한 기현상을 보였다. 문제는 공시가격이 1억 원이 안 된다는 점에서 알 수 있듯이, 연식이 오래되거나 입지가 한참 모자란 곳에 있는 아파트들이었다. 필자는 항상 수요와 공급 그리고 유동성이 진짜 상승을 유발한다고 생각하는데, 공시가격 1억 원 이하 아파트들은 말 그대로 테마주 같은 상품이었다. '다음 해에 공시가격이 1억 원이 넘어가면 과연 팔릴까?'라는 의구심이 든다. 만약 이런 취득세 규제가 없어진다면 "이 아파트들을 매도할 수 있을까?"라는 생각을 할 수밖에 없는 단기 투자 상품이다. 그래서 단기간에 수익을 보고 법인세율로 빠져나올 수 있는 법인들의 놀이터가 되었다. 그러나 현시점에서 너무 올라버린 가격과 지방 아파트 시장이 꺾이는 분위기가 되어버리자 매도가 힘들어지기 시작한다. 투자를 시작할 때는 모두가 즐거웠다. 매수는 돈만 있으면 할 수 있지만, 매도는 받아줄 사람이 있어야 하기 때문이다. 이 가격에 받아줄 투자자도, 실수요자도 없는 것이다.

서울 썩은 빌라

지방 중소도시 아파트에 물리기 싫어서 서울과 인천 공시가격 1억 원 이하 빌라(다세대주택)에 투자한 투자자도 생기기 시작했다. 때마침 오세

훈 서울시장이 당선되면서 일명 썩은 빌라 투자가 유행을 하기 시작했다. 오세훈 서울시장은 서울 전면 재개발을 외치면서 모아주택, 신속통합기획 같은 공약들을 발표하고 이행했다. 아파트로 재개발을 꿈꾸며 구역지정도 되기 전에 썩은 빌라들은 불티나게 팔려나갔다. 그런데 서울의 빌라가 공시가격이 1억 원이 안 되면 어떨지 생각을 해보라. 비역세권, 서울 외곽일 확률이 높고, 무척 낡거나, 매우 좁을 것이다. 그런 썩은 빌라에 전월세 수요가 풍부할지는 의문이다. 만약 재개발 구역지정이 되지 않는다면, 자식에게 상속해야 할 정도로 크게 물릴 수 있다. 썩어도 준치라고 공시가격 1억 원 이하 아파트는 그래도 아파트니까 초급매로라도 내놓으면 팔릴지 모른다. 그도 아니라면 전월세라도 수요는 있다. 서울 신축 빌라도 팔기 힘든데, 아무리 서울이라도 썩은 빌라라면 경매로 넘겨야 매수자를 찾을 수 있을 것 같다.

상가와 토지

취득세 규제와 아무 상관이 없는 상품이 있다. 비주택 건축물과 토지다. 필자도 그래서 이른바 올근생 건물(모두 근린생활시설만 있는 상가 건물)도 사봤다. 토지도 열심히 알아봤다. 문제는 소액 투자자들이 사기에는 금액대가 너무 크다는 것이다. 지방 건물이라도 제대로 된 건물을 사려면 현금으로 5억 원은 있어야 한다. 건축이 가능한 토지도 최소 5억 원은 줘야 하지만, 상가나 토지 투자에는 전세 임차인이 없다. 결국, 대출을 끌어와서 이자를 내면서 버텨야 한다.

또 다른 문제는 주택 투자자들이 하던 방식과 다른 점이 많아서 처음부터 다시 공부해야 하는 불편함이 존재했다. 상가 투자는 주택과 아주 다르고 알아야 할 것도 많다. 상가 임차인을 구하는 것은 주택과 다르게 힘들다. 왜냐하면, 주택은 누군가에게는 필요한 필수재지만, 상가는 코로나19 같은 위기가 오면, 그냥 문을 닫게 될 수 있기 때문이다. 그냥 하던 주거형 상품이나 투자하자. 이제 우리에게 남은 선택지는 오피스텔뿐이다.

오피스텔

오피스텔은 법인이든, 다주택자든 취득세는 4.6% 고정이다. 12%에 비하면 낮은 허들이다. 오피스텔이 주거용이라면, 아파트처럼 전세 레버리지도 활용할 수 있다. 심지어 전세가율이 100%가 넘는 이른바 전세가가 매매가를 넘겨버리는 '플러스피'도 가능하다. 가끔 주상복합 아파트를 보면 아파트랑 똑같이 생겼는데, 건축물대장상 오피스텔인 경우가 있다. 이른바 '아파텔'이라고 불리는 상품이다. 대표적으로 타워팰리스가 있다. 오피스텔이라는 딱지 때문에 그동안 소외당하다가 취득세 규제로 이제는 오히려 빛이 난다. 분명히 아파트와 같은 입지를 공유하고 있는데, 상승세가 더뎌서 그동안 저평가였다. 아니나 다를까 2020년 겨울, 쓰리룸 아파텔이 무섭게 오르자 2021년에는 투룸 오피스텔로 그 상승세가 내려왔다. 눈치 빠른 투자자들은 2021년부터 원룸 오피스텔을 매집하기 시작했다. 글을 쓰고 있는 지금, 2022년에는 원룸 오피스텔마저도 매수세가 뜨겁다. 아직도 원룸 오피스텔은 싸도 너무 싸다.

어디에 물려야 마음 편한 투자가 될까?

서울 역세권 오피스텔은 공시가격 1억 원 이하 지방 소도시 아파트, 썩은 빌라, 상가 투자와 달리 마음이 편하다. 아무리 오피스텔이지만 연식도 나쁘지 않고, 서울에 있기 때문이다. 임대차 수요도 풍부하고, 물려도 월세를 받으면서 버티면 된다. 아파트와 투자 방식도 비슷하고, 상가처럼 새롭게 공부할 내용도 많지 않다.

지금은 부동산 상승장의 막바지다. 어디가 끝인지 알 수 없기 때문에, 물릴 준비를 하고 투자해야 한다. 그러니까, 지금은 어디에 물릴까의 싸움이다. 조용히 눈을 감고 생각해보자. 태어나서 한 번도 가본 적 없는 인구 10만 명 소도시의 30년 된 아파트에 물릴 것인가. 내일 무너져도 이상하지 않은 썩은 빌라에 물릴 것인가, 아니면 하나도 오르지 않은, 이제 하락을 멈춘 것 같은, 임대차 수요가 풍부한 신축 서울 원룸 오피스텔에 물릴 것인가. 이제 돈의 방향은 오피스텔로 정해졌다.

둔촌주공아파트 사태로 보는
오피스텔 가치평가

"유치권행사 중." 2022년 4월 15일, 단군 이래 최대 재건축 사업이라고 불리던 4,786세대의 매머드급 둔촌주공아파트 재건축 공사현장이 멈췄다. 갈등의 씨앗은 급등해버린 건축비였다. 건설사 측은 조합 측에 올라버린 건축비용을 증액해달라고 요청했다. 재건축 조합 측에서 이를 거부하자 공사는 중단되고 유치권행사 현수막이 걸렸다. 진짜 원인은 2022년 2월 24일에 벌어진 러시아의 우크라이나 침공이다. 전쟁 발발로 인해 세계 경제와 교역이 위축되고, 유가가 급등하면서 건축자재들도 함께 급등했다. 우크라이나 전쟁으로 둔촌주공아파트 재건축이 멈추면서 크게 느낀 점이 3가지가 있다.

첫 번째는 아파트든, 오피스텔이든 신축 분양가가 높아질 수밖에 없어 준신축이 보석이 될 것이냐. 시행사와 건설사들도 이윤을 남겨야 사업을 진행한다. 건자재와 유가가 오르면서 건축비 상승이 불가피하고

둔촌주공아파트 재건축 현장

분양가를 높여도 이상하지 않을 상황이다. 주변 빌라 건축업자들에게
물어보면, 10년 만에 건축비는 2배가 올랐다고 한다. 그렇다면 이미 예
전 건축비로 지어져서 신축과 거의 큰 차이는 없는 준신축들은 덩달아
올라야 정상이 아닐까? 연식만큼만 감가되는 것을 감안해도, 신축 오피
스텔 분양가에 턱없이 저렴하다. 체감상 딱 반값이다. 현장에서 3억 원
에 원룸 오피스텔을 분양하면, 인근 4년 차 오피스텔은 1억 5,000만 원
정도다. 이 4년 차 오피스텔이 신규분양 오피스텔의 80%의 가격이라도
2억 4,000만 원의 가치다. 둘 중 하나는 잘못된 가격표일 것이다.

두 번째는 신축 오피스텔의 공급이 줄어들 것으로 예측했다. 그 이유
는 시행사업의 위험성이 커졌다. 금융 시장이 얼어붙으면서 자금을 융
통하기가 어려워졌다. 잠깐 자금줄이 막히면 오피스텔 시행사업이 중

단될 수도 있다. 오피스텔을 짓고 있는 사이에 또 건축비가 천정부지로 높아진다면 어떨까? 둔촌주공아파트 재건축 중단사태와 같은 일이 발생할 것이다. 건설사가 건축을 중단하거나, 시행사가 부도가 날 것이다. 더더욱 PF대출이 어려워진다. 정지되는 현장도 어딘가에는 생길 것이고, 건설산업이 위축되어 개발업이 둔화할 수 있다.

세 번째로는 신축 오피스텔 공급물량 감소는 곧 준신축 오피스텔의 수익률을 높게 만들 것이다. 신축 오피스텔 수백 개 호실이 입주를 시작하면, 일반적으로 주변 오피스텔의 임대차에도 안 좋은 영향을 미친다. 전세보증금도 떨어지고 월세 시세도 떨어지면서 자연스레 매매가도 같이 끌어내린다. 그러나 건축비 상승과 공급 위축으로, 준신축 오피스텔이 한동안 동네에서 신축 취급을 받을 것이다. 신축 오피스텔 입주 물량이 줄어들면 월세도 자연스럽게 상승하고, 준신축 오피스텔의 수익률도 자연스럽게 좋아지며 매매가의 상승을 유발한다. 설령, 신축 오피스텔이 있더라도 높은 분양가로 인해 제대로 된 수익률을 내기 힘들다. 전월세 시세는 분양가에 연동되는 것이 아니라, 시장의 수요와 공급 때문에 결정되기 때문에 분양가 대비 한참 낮을 것이다. 그래서 10년 차가 안 된 수익률 좋은 준신축 오피스텔이 보물 같은 존재가 될 것이다.

오피스텔 중개에 주력하는 공인중개사들은 입을 모아서, "오피스텔은 주택 수 포함, 종부세 규제 같은 정책적인 이유로 가격이 많이 내려간 것이고, 현재 가격을 보면 땅값도 안 되는 수준이다. 성책적인 규제가 풀리면 재평가받을 것이다"라고 말한다. 땅값만 보면 어떨까? 건축비와는 별개로 토지가도 엄청나게 올랐는데, 오히려 오피스텔은 떨어졌다. 선릉역에 있는 오피스텔 실거래 사례를 보자.

역삼동 708-41	역삼동 708-26, 27
면적 : 227평(1,524억 원) 공시지가 : 1.99억 원/평 실거래가 : 6.71억 원/평	면적 : 442평 공시지가 : 1.50억 원/평 시가 환산가 : 5.05억 원/평
	현재 나와 있는 매물가격의 대지지분 가격 : 2.13억 원/평

선릉역 오피스텔 실거래 사례   출처 : 네이버 지도(이하 지도 동일)

테헤란로 대로변 역삼동 708-41번지의 227평 토지가 2022년 5월, 1,524억 원에 실거래되었고, 평당 6억 7,100만 원 선이다. 이곳의 공시지가는 평당 1억 9,900만 원이다. 공시지가의 3.37배가 시가라고 봐야겠다. 조금 떨어진 역삼동 708-26, 27번지의 역삼역 SK허브 오피스텔은 442평 필지에 공시지가는 평당 1억 5,000만 원 정도니 3.37배를 곱해 시가로 환산하면, 평당 5억 550만 원의 토지 가치를 가진 오피스텔이다.

그런데 역삼SK오피스텔 전용 28.53㎡의 오피스텔 대지지분이 1.36평 정도 된다. 1.36평의 토지가를 앞서 구한 시가로 환산하면 6억 8,748만 원이지만, 실제 매매 호가는 2억 9,000만 원이다. 쉽게 말해서 오피스텔을 모두 매입해서 부수고 땅으로 팔면 2배가 넘는 차익이 생긴다. 건물 거래 시 흔히들 싸게 사면 '땅값만 주고 거래한다'라고 하는데, 이것은 땅값의 반값도 안 되게 거래하는 격이니 얼마나 저평가되었는지

가늠할 수 있다. 우스갯소리로 모두 매입해서 부수고 땅으로 만들어 파는 펀드를 만들면 대박이 날 것이라는 말도 한다.

우크라이나에서 벌어진 전쟁이, 서울에 있는 아파트 재건축을 멈추게 하고, 준신축 오피스텔이 주목받게 할 줄은 몰랐다. 필자도 원래는 땅을 사서 다가구주택이나 상가 건물을 올리는 작은 개발업을 하려고 했었다. 땅을 알아보러 다니는 사이에 건축비가 오르는 것을 보고 결국 개발업을 포기했다(아마 오피스텔 시행사의 셈법도 비슷하지 않을까 싶다). 원룸 오피스텔 투자는 보수적이어서 원래는 쳐다보지 않았는데, 건축비가 천정부지로 오르는 것을 보고, 2022년 5월부터 본격적으로 매집하게 되었다. 중요한 것은 필자와 같은 생각을 하는 사람들이 점점 늘어나고 있다는 점이다. 그래서 원룸 오피스텔이 싸다는 것을 본능적으로 느낀 사람들이 먼저 진입했고, 시장 분위기가 반전되고 있음을 확연하게 느낀다.

유일무이한
소액 투자처

오피스텔이 투자자에게 스포트라이트를 받는 이유는 대부분의 주택 규제로부터 자유롭기 때문이다. 부동산 1인 법인들에도 마찬가지다. 지금 다주택자가 공격적으로 투자를 하지 못하는 이유는 취득세 12% 중과와 무거운 종부세 때문이다. 더불어서 규제지역에는 양도세까지 중과되기 때문에 투자에 진입하기도, 퇴장도 어려운 상황이다. 1인 법인도 비슷하다. 취득세 12%를 내고 수익을 냈더라도 종부세 7.2%를 2년 동안 내고, 법인세율에 주택 중과를 포함해서 40% 법인세를 내고 나면 손에 남는 것이 없다.

먼저 취득세를 살펴보자. 규제지역 내 다주택자와 법인의 주택 취득세는 12%에 달한다. 반면에, 오피스텔은 다주택자든지, 법인이든지 4.6%로 고정이다(단, 수도권 과밀지역 내 본점을 둔 법인은 중과된다). 5년 전만 해도 4.6%의 취득세율은 부담스러웠다. 그러나 서울 아파트 중위 가격이

10억 원을 가뿐히 넘기면서 어지간한 서울 아파트의 취득세율이 3.3%가 되었다(주택 9억 원 초과 시 취득세율 3.3%). 오피스텔 4.6%나 9억 원 초과 아파트 3.3%나 1.3%p밖에 차이가 나지 않는다. 이마저도 다주택자 최대 취득세 12%에 비하면, 귀여운 도토리 키재기 수준이다. 이 취득세 중과에 관한 법령이 지방세법에 명시되어 있는데, 이는 국회의원들의 과반수 동의가 있어야 하는 내용이므로 2024년 총선까지 유지될 가능성이 있다. 투자하고 싶은 1주택자, 다주택자, 법인들의 시선이 몰리는 비주택 중 아파트와 비슷한 집합건축물이 오피스텔이다.

종부세는 어떨까? 아파트나 빌라는 공부상 '주택'이기 때문에 종부세에서 빠져나갈 구멍이 없다. 그러나 오피스텔은 공부상 용도가 '업무용'이기 때문에 종부세에 포함될 수도, 포함되지 않을 수도 있다. 전입이 되어 있는 주거용 오피스텔이면 모두 종부세에 포함되는 줄로만 아는 분들이 많다. 오피스텔을 예전부터 보유하고 있던 투자자들은 실제로는 종부세에서 일부 오피스텔은 제외된다는 사실을 알고 있다. 재산세 부과 시 건축물(업무용)로 되어 있는 오피스텔은 법인 또는 다주택자가 보유하고 있어도 주택 종부세에는 합산되지 않는다(자세한 내용은 세금 관련된 뒷부분에서 다루겠다). 재산세 여부를 떠나서, 실제로 업무용으로 사용하는 오피스텔은 당연히 종부세도 제외된다. 그러다 보니 업무용 오피스텔만 집중 매수하는 법인과 다주택자도 늘어나는 추세다.

양도세는 어떨까? 진입이 되어 있는 주거용 오피스텔은 주택과 마찬가지로 중과가 된다. 1년 이내 77%의 양도소득세를 내야 한다. 실제로 업무용 오피스텔로 사용했던 것을 매도한다면 당연히 상업용 양도소득세를 내기 때문에 중과도 없다. 6~45%의 기본세율이다. 오피스텔 투자는 세금 부담도 줄어든다. 주택담보 대출 규제도 적용받지 않고, 최대 80%까지 대출할 수 있어서 잔금을 못 치르거나 세입자 보증금을 못 돌려줄 걱정도 없다. 이처럼 취득세, 종부세, 양도세, 대출 규제 면에서 오피스텔은 장점이 많으므로 예비 다주택자, 다주택자, 법인들의 관심을 받고 있다.

규제의 풍선효과 말고도 오피스텔이 매력적인 것은 전세가율이 높아서 소액 투자가 가능하다는 점이다. 서울에 2억 원짜리 원룸 오피스텔을 매입하려면 얼마의 돈이 있어야 할까? 2021년에 매입할 때만 해도 한 푼도 없어도 돈을 받아가면서 살 수 있었다. 2022년에는 200~700만 원이면 살 수 있다. 돈을 받아가면서 투자한다는 말은, 전세보증금이 2억 2,000만 원이고 매입가가 2억 원이라서, 취득세와 중개수수료를 내고 나면 오히려 통장에 돈이 1,000만 원 정도 남는다는 뜻이다. 지금은 그 갭이 벌어져서 그 정도까지는 힘들어도 여전히 매매가 대비 전세보증금 비율은 90~100%에 육박한다. 쉽게 말하면 '취득세와 중개수수료' 낼 돈만 있으면 살 수 있다.

사회초년생이나 대중들은 투자금으로 빼놓은 돈이 많지는 않고 보통 3,000만 원 내외의 투자처를 찾는다. 현재 소액, 그러니까 3,000만 원을 갖고 투자를 할 수 있는 괜찮은 부동산은 많이 남아 있지 않다. 필자 개인 생각으로는 서울 빌라, 서울 오피스텔, 인구 10만 명 이하 소도시 아파트 정도가 그나마 오를 여지가 남아 있는 자산이다. 이것들 외에 수도권 상가, 토지를 3,000만 원만으로 매입하기는 힘들다. 비주거용은 '전세 레버리지'를 활용할 수 없기 때문이다. 그래서 무주택자가 서울 오피스텔을 소액으로 사고 싶다고 문의하면 "서울 빌라나 도시형생활주택을 먼저 사고 오피스텔을 사도 괜찮아요"라고 조언을 준다. 무주택자라서 취득세 중과 없이, 전세 레버리지를 쓸 수 있는 '덜 오른 자산'이기 때문이다.

결론을 짓자면, 오피스텔은 모든 주택 규제로부터 자유롭기 때문에 투자자들의 관심을 받고 있다. 그리고 유일하게 3,000만 원 이하 소액으로 투자할 수 있는 '덜 오른 자산'이기 때문에 어떤 포지션이든 투자의 대상으로 적합하다.

포지션별 자산군	아파트	빌라	오피스텔	상가, 건물, 토지
무주택자	부담되는 가격	소액 투자 가능	소액 투자 가능	소액으로 불가능 (전세 불가능)
1주택자	취득세, 보유세 부담		소액 투자 가능	
다주택자				
법인				

유동성이라는 녀석

필자는 부동산이 오르는 원인은 2가지로 본다. 수요와 공급이 불일치해서 부동산 자체의 가치가 오르거나, 화폐가치가 떨어져서 명목가격이 오르는 경우다. 나름대로 공식화하면 다음과 같다.

$$\text{부동산 가격} \propto \frac{\text{수요}}{\text{공급}} \times \frac{1}{\text{화폐가치}}$$

여기서 말하는 수요는 매수심리와 밀접하다. 지불할 능력이 있는 사람이 사려고 하는 마음이다. 공급은 신규 입주 물량뿐만 아니라 매물로 나와 있는 기축 물량도 포함이다. 필자는 수요와 공급을 통해 결정된 것을 '부동산의 가치'라고 칭하는데, 이를 화폐가치로 환산한 것이 부동산 가격이다. 그런데 화폐의 가치가 떨어지면 부동산의 가치는 그대로

있지만 '명목가격'은 올라가게 된다. 그래서 인플레이션이 오면 부동산
이 오르는 것이다.

부동산 가격 ∝	수요 (정비례)	공급 (반비례)	화폐가치 (반비례)
	교통 호재 일자리 증감 금리	기축 매물 증감 신규 아파트 입주 재건축 멸실	통화량 금리

　구체적으로 예시를 들어보자. 새로운 지하철이 개통되거나, 대규모
일자리가 생겨나면 수요가 늘어나면서 가격이 오른다. 지하철 신설 예
비타당성만 통과했다면, 현재 부동산의 가치는 변함이 없지만, 사람들
은 '앞으로 수요가 늘어날 테니'라고 생각하며, 투자 매수심리가 강해지
면서 매매가 오른다(당연히 전세가는 그대로다).

　금리가 올라가면 이자 부담이 되어서 매수심리가 줄어든다. 양도세
규제로 팔려는 사람이 급감하거나 신축 입주 물량이 사라지면 공급이
줄어들면서 가격이 오른다. 삼성전자 평택공장이 아무리 채용을 늘려
도, 평택에서 신규 아파트 공급을 늘리면 가격이 내려간다. 양도세 중과
를 배제하면서 너도나도 매물을 내놓으면 기축 아파트 매물이 많아지면
서 가격이 내려가게 된다. 미국 연방준비제도(미국의 중앙은행, 이하 연준)나
한국은행이 화폐량을 2배로 늘리게 되면, 부동산을 포함한 재화의 명목
가격이 2배로 뛰게 된다. 이 모든 것이 겹치면 부동산의 가격이 2배, 3배
로 폭등하기도 한다.

　한 가지 생각해볼 점은, 한국은행이 통화량을 하루아침에 2배로 늘

린다고 해서, 충청남도 공주의 아파트 가격이 내일부터 2배가 되지 않는다. 물이 높은 데서 낮은 곳으로 흐르는 것처럼, 돈이라는 녀석도 가징 선호되는 자산에서, 가장 선호되지 않는 자산 순서대로 돈이 채워진다. 사람들은 이를 '유동성'이라고 한다. 유동성은 M1과 M2로 나누어서 설명한다. 사람들의 보통예금 통장에서 그냥 잠자고 있는 돈을 M1이라 부른다. 쉽게 말해 바로 현금화가 가능한 돈이다. 여기에 정기 예적금을 더한 돈을 M2라 부른다. 필자는 M1을 M2로 나눈 값을 유동성이 시중에 얼마나 풀렸는지의 지표로 삼는다. 마음만 먹으면 바로 계약금을 쏠 수 있는 투자 대기 중인 돈의 비율이다. 다음은 2002~2021년의 M1, M2 그래프다.

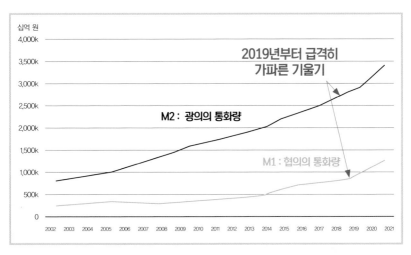

돈의 유동성을 나타내는 M1, M2

복잡한 내용을 짧게 설명하려니 독자 여러분이 이해하기 어려울 수도 있다. 필자가 하고 싶은 말은 시중에 돈은 많이 풀려 있는데, 이 돈이 한꺼번에 모든 재화에 뿌려지는 것이 아니라, 서울 강남 아파트부터 시작해서 광역시 아파트, 중소도시 아파트를 거쳐서 마지막에 원룸 오피스텔이 기다리고 있다는 것이다. 다음 '유리잔 탑' 이미지 자료를 보면 이해가 쉽다.

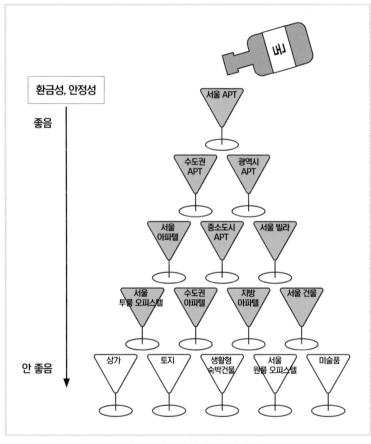

돈의 유동성을 나타내는 유리잔 탑

이미지 자료에서 볼 수 있듯이, 유동성(물)을 위에서 붓기 시작하면 맨 위의 유리잔이 차야 그다음 유리잔이 차오른다. 결국, 맨바닥에 있는 유리잔이 차려면 위의 유리잔들이 모두 가득 차야 한다. 이를 상품 간으로 계층화해볼 수도 있고, 지역 간 계층화해볼 수도 있다. 어찌 되었건, 지금 상황은 맨바닥에 있는 유리잔에 유동성이 들어오려는 그 순간이다. 즉, 다른 부동산은 다 올랐는데, 원룸 오피스텔은 하나도 안 올랐으니 이제 원룸 오피스텔이 오를 타이밍이다.

그런데 양도세 중과 완화가 되면서 맨 위에 있는 강남, 서울 아파트들이 매도되기 시작하면서 유동성이 다시 공급된다. 이때는 위에서부터 유동성을 퍼붓는 것이 아니라 그 밑의 유리잔 중에서 안 오른 유리잔에 유동성이 공급되기 시작된다. 이런 방식으로 2021년에 서울 투룸 오피스텔, 지방 건물 시장이라는 잔이 차올랐고, 이제는 서울 원룸 오피스텔의 차례가 되었다. 가장 비선호되는 자산이면 어떤가. 시세가 올라서 투자자에게 매도차익을 안겨준다면 그만이다. 투자자의 성적표는 수익률이다.

Part 3.

좋은 오피스텔을 골라보자

매수하기 전에
매도를 먼저 생각하라

　부동산과 주식의 가장 큰 차이점을 꼽는다면 환금성이다. 주식은 손절매하고 싶다면 그날 즉시 매도할 수 있다. 매수자가 없어도 유동성 공급자(LP)가 있어서 거래된다. 부동산은 손절매하고 싶어도 사줄 사람이 없다면 팔 수가 없다. 부동산 시장에서 유동성 공급자는 법원 경매다. 그래서 가끔 팔리지 않는 임야, 상가, 빌라를 지인을 이용해 근저당권을 잡아서 고의로 임의경매에 넘겨서 매도하기도 한다. 그렇게라도 해서 팔리면 다행이지만, 이마저도 최소 1년까지 걸리기 때문에 부동산은 태생적으로 환금성이 안 좋다. 그래서 때로는 비자발적 장기 투자가 되어서, 높은 수익률을 내기도 한다. 지방 아파트 하락장에 팔리지 않아서 월세나 받고 기다리다 보니, 어느 날 시세가 2배가 올랐다는 이야기도 많이 들어봤을 것이다. 어찌 되었건 부동산의 최대 단점은 팔고 싶을 때 팔리지 않는다는 점이다. 그래서 매수하기 전에 매도를 생각해야 한다.

아파트는 환금성이 좋은 부동산이다. 상품 품질이 균일하고, 가격도 표준화되어 있으며, 대단지는 주식처럼 거래량도 많다. 따라서 시세보다 10% 싸게 급매로 내놓는다면 순식간에 팔리기도 한다(물론 심각한 하락장에는 이마저도 힘들다). 거꾸로 법원 경매에서 아파트를 사려고 하면 높은 경쟁으로 인해 시세의 95% 정도에 낙찰된다. 그만큼 시세보다 싸다면 대기수요가 풍부한 상품이다.

오피스텔은 아파트와 비슷한 점이 많다. 똑같이 집합건물이며 상품 품질이 균일하고, 가격도 표준화되어 있다. 그런데 오피스텔은 매수는 쉬워도 매도하기는 어렵다. 여러 이유가 있겠지만 '오피스텔은 사면 물린다'라는 선입견이 강해서인 것 같다. 아파트는 실수요자가 많다면, 오피스텔 매수자는 투자자가 대부분이다. 그래서 돈이 될 것 같으면 팔리지만, 돈이 안 될 것 같은 자산이면 절대 팔리지 않는다. 법원 경매 오피스텔 낙찰률을 보면 알 수 있다. 아파트 상승장에는 아파트 낙찰가율은 100%를 웃도는 반면, 오피스텔은 85% 선에서 낙찰되고 있다.

서울중앙지방 낙찰가율	2015년	2016년	2017년	2018년	2019년	2020년	2021년	2022년 상반기
아파트	95.9%	95.3%	97.3%	113.47%	94.5%	100.1%	120.67%	86.03%
오피스텔 (주거)	87.5%	95.7%	93.3%	85.15%	92.0%	83.72%	79.47%	77.14%

서울중앙지방법원 낙찰통계　　　　　　　　　　　　　　　　출처 : 하우스인포

필자는 부동산 투자 조언을 해줄 때, 항상 '매수하기 전에 매도를 생각하라'라고 한다. 매수할 때 양도세나 보유세 같은 세금을 미리 설계하라는 의미도 있다. 하지만 더 중요한 것은 다음 내 물건을 받아줄 미래

의 매수자를 상상하면서 물건을 고르라는 것이다. 쭉정이 같은 못난이 오피스텔을 당장 수익률이 높다고 덥석 매수했다가는 매도가 안 되어서 지식 데끼지 물려줘야 할지도 모른다. 지금은 월세보다는 시세차익을 바라보고, 오피스텔 투자를 하는 것이기 때문에 환금성이 그 무엇보다도 중요하다. 따라서 시세가 많이 오를 것 같고, 잘 팔릴 만한 요소들을 갖춘 오피스텔에 투자하면 된다. 즉, 환금성이 좋은 오피스텔이 투자하기 좋은 오피스텔이다.

환금성에 제일 큰 영향을 미치는 것은 대단지 세대수다. 아무리 남향에 조망권에 초역세권, 신축이라고 해도 세대수가 8세대이면, 사실상 빌라와 마찬가지다. 사람들은 그 오피스텔이 존재하는지조차 모르기 때문에 매수자가 찾아오지 않는다. 오피스텔 시장이 상승하기 전에는 500세대 이상으로 필터를 걸고 대단지 오피스텔만 찾아봤다. 하지만 지금은 그 기준을 낮춰서 100세대 이상으로 필터를 걸고 자세히 살펴본다(왜냐하면, 덕수궁 롯데캐슬과 같이 아파트 296세대, 오피스텔 198세대로 이루어진 대단지를 자칫 놓칠 수 있기 때문이다). 세대수가 많아서 부지가 크고, 건물이 우뚝 솟아 있으면 랜드마크 역할을 한다. 갑자기 오피스텔 투자 붐이 불어서, 대중들이 오피스텔 투자를 마음먹으면 오가며 지나다니면서 본 브랜드, 랜드마크 오피스텔이 가장 먼저 떠오르기 때문에 다음 매수자를 찾기도 쉽다.

그 외에 환금성을 좋게 하는 요소들은 남향, 조망권, 초역세권, 연식, 브랜드 등이 있다. 우리나라 사람들의 남향 사랑은 대단하다. 경험상 시세가 5%는 더 비싸지만, 가장 먼저 팔린다(정작 임차인들은 남향이든, 북향이든 싼 것을 좋아한다. 그래서 북향이 더 수익률이 높다). 그리고 상업지 오피스텔은 벽 뷰(View)이기 일쑤인데, 영구적으로 전망이 트여 있고 아름다운 뷰까지 있다면 매도가 쉽다.

초역세권만 찾는 매수자가 많으므로 역과의 거리도 중요하다. '오피스텔은 연식이 10년이 되면 매각하라'라는 격언이 있는데, 역으로 연식이 10년이 안 된 것을 사야 다음 매수자를 찾기가 쉬울 것이다. 사람들은 아파트에서 유명한 건설사가 지은 오피스텔은 인테리어가 예쁘고, 하자 없이 잘 지었을 것이라는 선입견이 있다. 내가 매수한 대부분 오피스텔은 대우건설 푸르지오 브랜드다. 개인적으로 필자는 브랜드를 고집하지 않는 편인데, 꼼꼼하게 골라보면 푸르지오였다. 놀랍게도 이러한 조건을 따지면서, 서울 전역의 오피스텔을 검색해보면 투자할 만한 단지가 몇 개 없다. 거꾸로 바꿔 말하면 몇 개 없는 그 단지를 매수하면, 매도하기가 쉽다는 뜻이기도 하다.

투자자의 잘못된 결정으로 환금성을 방해하는 요소들이 있다. 임대사업자 승계조건으로 매도를 하게 되면 급매여도 매도가 쉽지 않다. 처음 임대사업자 등록할 때에는 당장 부가세, 취등록세를 절약하지만, 장기적으로 봤을 때는 임대료 5% 상한이 발목을 잡는다. 월세, 전세가가 받쳐주지 못하는 매물은 아무도 매수하지 않는다. 임대수익률이 높다고 한들 이것을 4년, 10년을 갖고 있으라고 하면 부담이 되어 매도가 되지 않는다. 또한, 강화된 임대차보호법으로 인해, 임차인의 만기가 많이 남아 있거나 임대차가 시세보다 낮게 맞춰지면 투자금이 많이 들어 매도가 힘들어진다.

이럴 때는 임차인에게 이사비를 지원해주고 공실로 만든 뒤에 매도하는 것도 환금성을 좋게 하는 깃도 팁이다. 다시 한번 깅조하자면 환금성이 좋은 오피스텔이 투자하기 좋은 오피스텔이다.

어디에 있는 오피스텔을
골라야 할까?

많은 초보 투자자들이 어디서부터 봐야 할지 모르겠다고 질문을 준다. 오피스텔 투자를 시작할 만한 기준점을 잡기가 어려운 탓이다. 기준을 '입지'로만 봤을 때 좋은 오피스텔은 '직장에 빨리 갈 수 있는' 입지에 있어야 한다. 최우선 기준을 '학군, 상권'이 아니라 '직주근접'으로 정하는 이유는 대부분의 오피스텔 임차인이 20, 30대 직장인이기 때문이다. 그러면 직장 위치를 따라서 훑어보면 편하다.

사업체를 운영하는 대표님에게 "왜 굳이 월세 비싼 서울에서 하시나요? 광명역 지식산업센터는 텅텅 비었다던데요?"라고 물어본 적이 있었다. 그 첫 번째 이유는, 현재 직원들이 반대해서라고 했다. 사업체를 서울 바깥으로 옮기면 그만두는 직원들도 생길 것이고, 인재 채용도 어렵다고 한다. 두 번째 이유는 인적 네트워크 때문에 서울을 떠날 수 없다고 한다. 아무래도 사업에 관련된 조언을 구하거나 급하게 도움이 필요할 때 도움받을 수 있는 인적 네트워크도 서울이냐, 아니냐에 따라서 다르다고 한다(그래서 차라리 마곡으로 가셨다. 사업체도 '모로 가도 서울'인가 보다).

보통 서울 3대 업무지구는 GBD(강남 업무지구), YBD(여의도 업무지구), CBD(시청 업무지구)를 뜻한다. 필자는 여기에 IT기업들 입점이 많은 구디/가디 산업단지(구로디지털단지, 가산디지털단지)와 마곡신도시도 눈여겨보라고 말한다.

강남은 굳이 설명하지 않아도 다양한 양질의 일자리가 많다는 것을 모두가 안다. 강남역에서 삼성역으로 이어지는 상업지구 내에는 수많은 오피스 빌딩들이 존재한다. 그리고 사업체를 운영하시는 대표님들도 기왕이면 '강남'을 선호한다. 여의도에는 국회의사당, 증권가, 금융가 관련 업체가 몰려 있다. 기본적으로 고소득 화이트칼라이기 때문에 오피스텔 같은 양호한 주거환경을 선호할 것이다. 이 2가지 직장을 이어주는 지하철 노선이 2호선과 9호선이다.

CBD의 서울시청 자체만으로 거대한 관공서이기 때문에 근무하는 공무원 수가 상당하다. 중구, 종로구에는 금융사, 통신사, 건설사와 같은 대기업이 포진되어 있어서 강북권에도 고소득 화이트칼라 일자리는 상당하지만, 오피스텔을 공급할 만한 땅은 부족해서 신축 오피스텔을 찾아보기 힘들다. 신촌에 있는 명문대 학생들이 졸업하고, 대기업에 취업하는 수요까지 계산한다면 수요는 굉장히 많다.

구디/가디 단지는 대기업보다는 중소기업 위주로 입주해있지만, IT 관련 기업인 만큼 계속 성장해 나갈 것이다. 마지막으로 마곡신도시는

LG사이언스파크를 주축으로 계속 기업의 입주가 늘고 있는 곳이다. 눈치를 챘겠지만, 3대 업무지구와 구로디지털단지까지 모두 아우를 수 있는 노선은 지하철 2호선이 유일하다.

오피스텔 투자 입지 기준점 : 3대 업무지구, 구디/가디

기준점을 3대 업무지구 + 구디/가디의 직주근접으로 잡으니 어떤 입지를 살펴봐야 하는지가 확실해진다. 지하철 노선도를 보고 메뚜기처럼 네이버 지도를 옮겨 다니며 오피스텔을 고르면 된다. 강남과 여의도를 잇는 지하철 노선은 2, 9호선이다. 서울시청 권역을 순환하는 것은 2, 5호선이다. 구디/가디를 가는 것은 2, 7호선이다.

결론적으로 2호선은 만능 치트키 같은 노선이다. 서울 대부분의 일자리, 대부분의 명문대학, 문화생활까지 누릴 수 있기 때문이다. 서울을 순환하기 때문에 대부분 노선과 쉽게 환승할 수도 있다.

9호선은 급행열차가 존재한다. 당산역에서 급행열차를 타면 고속터미널역까지 15분밖에 안 걸린다. 그래서 필자는 2, 9호선이 지나는 노선도를 따라서 역세권 오피스텔 투자를 했다. 그곳에 매물이 없거나, 투사할 곳을 찾지 못하면 아쉬운 대로 5, 7호선 오피스텔도 함께 봤다.

서울은 아니지만, 판교에도 성장하는 IT기업의 일자리가 많이 존재한다. 부가가치가 높은 기업들이기에 분당/판교를 가볍게 지나칠 수 없다(개인적으로 분당을 강남의 동생 정도의 급으로 친다). 신논현역에서 신분당선을 타고 15분을 가면 판교역에 도착할 수 있다. 선릉역에서도 정자역까지 35분이면 닿는다. 신분당선 라인을 따라서 투자하자.

너무 중요해서 다시 한번 정리해서 강조하자면, 오피스텔은 지불능력이 좋은 20, 30대 미혼 직장인들이 살기 때문에 '직주근접'이 가장 중요하다. 직주근접 관점으로 오피스텔 입지를 정하면 강남, 여의도, 서울시청, 구디/가디, 분당/판교를 위주로 지하철 노선을 보자. 2, 9호선 역세권 오피스텔 위주로 살펴보되, 나머지 호선들도 직주근접이 된다면 투자 대상에 포함해보자.

투자 사례 : 직주근접 끝판왕, 당산역 해링턴타워

필자가 가장 좋아하는 지하철 노선은 2호선이고, 그다음은 9호선이다. 2호선은 서울을 도넛 모양으로 순환하고, 9호선은 마곡, 여의도, 강남 고속터미널역을 동서로 관통하는 황금노선이기 때문이다. 당산역,

종합운동장역이 2, 9호선이 교차하는 지점이기 때문에 꼼꼼히 살펴봤다. 종합운동장역은 아쉽게도 연식이 오래된 오피스텔이 많고, 유흥가가 혼재되어 있다. 당산역은 영등포구의 전통적인 주거지고, 여의도와 가까운 교통요지다. 쉽게 말해서 일자리로 가는 교통도 좋고, 사람도 살기 좋은 곳이다. 당산역이라면 여의도뿐만 아니라 강남, 강북 직장인 수요도 빨아들일 수 있을 것이라고 생각했다. 당산역에서 서울 3대 업무지구인 여의도까지 4분, 시청역까지 15분, 강남역까지 20~30분이면 닿을 수 있다.

네이버 부동산에서 당산역 인근으로 '500세대 이상, 10년 이내 오피스텔'을 조건으로 필터를 걸어보면 당산역 해링턴타워만 검색이 된다.

당산역 해링턴타워   출처 : KB부동산

비교하기 위해 필터를 '300세대 이상'으로 낮춰보니 그제야 당산삼성

쉐르빌, 데시앙루브까지 같이 검색된다. 이 삼 형제들 중에서 당산역 해링턴타워를 선택한 이유는 모두 자주식 주차방식이고, 지하주차장이 여유 있다는 점과 주변 오피스텔 중에 호갱노노 평이 가장 좋았기 때문이다.

당산삼성쉐르빌은 난방방식이 전기로 작동되어 전기요금이 많이 나와 해링턴타워로 옮기는 수요가 많았다. 데시앙루브보다는 당산 해링턴이 주차, 세대수, 연식, 브랜드 등 우세에 있었다. 필자는 2021년에는 원룸 오피스텔은 쳐다보지 않았지만, 유일하게 당산역 해링턴타워만 매수했다. 그 이유는 서울에서 내가 제시한 모든 조건에 부합하는 유일한 원룸 오피스텔이었기 때문이다(직주근접, 지하철 노선, 역세권, 세대수, 브랜드, 연식, 주차방식, 관리성실도, 냉난방 방식 등).

하지만 한 가지 짚고 넘어가야 할 것이 있다. 2호선은 일부 철교를 지상철로 지나는데, 당산역이 그랬다. 당산역 해링턴타워의 남동향은 그래서 열차소음과 버스 정거장 소음이 있다는 평을 호갱노노에서 확인할 수 있었다. 오히려 북향은 유원제일2차재건축 진행 중인 아파트가 있어서 조용한 편이었다. 전세보증금 시세는 향과 관계없이 동일했기 때문에, 매매가격이 저렴한 북향 저층 매물을 선택했다. 2021년 6월에는 KB시세 매매 하한가는 2억 2,000만 원이었기 때문에 전세를 2억 2,000만 원에 모두 맞출 수 있었다. 매매가는 놀랍게도 평균 2억 600만 원대였다. 취득세를 내고 나면 300~400만 원 정도 현금이 생겨서 다른 투자에 돈을 보낼 수 있었다(사실상 취득세는 카드 무이자할부 7개월로 냈기 때문에, 일시적으로 4,000~5,000만 원 목돈이 들어와서 다른 곳에 또 짧게 투자할 수 있었다).

매매가와 전세가의 갭 차이가 마이너스인 투자를 '플러스피' 투자라고 하는데, 아쉽게도 2022년 8월 현재는 매매가가 2억 4,000만 원으로 올라 '무갭' 투자는 힘들어졌다. 최근에 시세 조사를 해보니 전세가 2억 2,000만 원으로 맞춰져 있다 보니, 매매가 2억 3,000만 원으로 내놓아도 바로 팔린다는 이야기를 들었다. 취득세를 제하고도 수익이 나는 구간에 들어선 것이다. 개인적인 직감으로는 3억 원대까지는 무난하게 진입할 것 같다. 전세, 월세 임차 수요도 풍부하고 투자 수요도 풍부하다. 정말 아무도 원룸 오피스텔 이야기조차 하지 않을 때, 과감하게 투자해서 바닥에서 매수하는 행운을 얻었다. 그러나 먼저 앞서가는 투자는 필연적으로 외롭고 인내의 시간이 필요하다. 매수하고 한동안 시세가 오르지 않고, 투자자들의 진입도 없어서 '역시 원룸 오피스텔은 오르지 않는 것인가?'라고 수없이 생각했었다.

당산역 해링턴타워도 2가지 리스크가 존재한다. 첫째, 당산역 인근에 준공업지대가 많다 보니 언제든지 신축 오피스텔이 우후죽순 생길 수 있는 여건이고, 이미 분양을 많이 해서 나중에 임대차 수요가 줄어들 수 있다. 그러나 신규분양 오피스텔 분양가격으로는 임대수익률이 너무 낮으므로, 당산역 해링턴타워가 오히려 상대적으로 너무 저렴하다고 느껴진다.

둘째, 또 다른 리스크는 바로 뒤 제일유원2차아파트가 재건축이 진행되면서 공사로 인한 소음으로 임차 수요가 빠져나가는 것이다. 하지만 이 또한 3년이면 완공되어 해결될 리스크다. 오히려 낡은 아파트에 가로막혀 있던 북향 호실이 시야가 탁 트이고, 아파트 단지를 노보로 산책할 수 있다면 리스크가 아니라 호재로 작용할 것이라고 본다.

당산역 해링턴타워	매수가격	전세보증금	2022년 8월 매매가
 전용 23.59㎡	2021년 6월 2억 600만 원	2억 2,000만 원	2억 4,000만 원

지피지기 백전백승,
임차인을 연구하라

마케팅에서 '페르소나'란 '실제 구매자와 직접 인터뷰한 내용을 바탕으로 당신이 마케팅하는 부류의 제품을 사거나, 살지도 모르는 실존 인물의 몽타주'를 뜻한다. 즉, 내 물건을 사줄 사람을 가상으로 정해보는 것이다. 이런 작업을 통해 더 정교한 타깃팅을 할 수 있게 된다.

오피스텔의 고객은 누구일까? 오피스텔의 실거주자들은 대부분이 임차인들이다. 그들이 좋아하는 오피스텔이 공실이 없고, 매매도 수월하다. 그래서 우리도 가상의 고객, 임차인들의 몽타주를 상상해보며 투자를 결정해야 한다.

경험상 오피스텔의 임차인들의 80% 정도는 20, 30대 직장인 미혼 여성이었다. 학생도 잘 없고, 대부분 번듯한 직장을 다녔거나 전문직, 약사, 의대생 정도다(나머지 20%는 대기업에 다니는 30대 미혼 남성이다). 필자는 대학가 앞에 고시원 같은 원룸 건물도 운영하고 있는데, 거기에 대부분

20대 남자 대학생만 거주하는 것과 대조적이다. 여학생들은 가격이 비싸도 오피스텔을 가거나, 깨끗한 최신축 원룸만 선호하기 때문에 잘 들어오지 않는다. 남성 임차인은 저렴하고 가성비 좋은 빙을 신호하고, 여성 임차인은 비싸도 좋은 것을 선호하는 경향이 뚜렷하다. 이 말을 하는 이유는 절대 '가성비'만으로 오피스텔 단지를 결정하면 안 된다는 뜻이다. 여성들은 선택의 기준이 다르기 때문이다.

여성 오피스텔 투자자 2명을 인터뷰한 적이 있는데 그들의 선택 이유를 듣고 적잖이 놀랐다. 30대 여성 투자자 A씨는 가산 램킨푸르지오시티는 '경찰서'가 바로 옆에 있고, '스타벅스'가 맞은편에 있는 것이 마음에 들어서 투자를 결정했다고 했다. 40대 여성 투자자 B씨는 강남역보다는 신논현역 쪽에 투자를 결정한 이유가 여성들이 좋아하는 가게나 맛집이 많아서라고 했다(카카오프렌즈숍, LUSH, 샐러드바, 교보문고 등이 신논현역 서초구 쪽에 몰려 있다). 역삼세무서 쪽은 남자들이 삼삼오오 모여서 담배를 피우고 있어서 싫다는 말도 첨언했다.

반면에 남성 오피스텔 투자자 2명을 인터뷰했을 때는 다른 기준들을 말했다. 전용면적이 넓어서, 가격이 너무 저렴해서, 주차가 편리하고 엘리베이터가 빨리 와서라는 이유로 투자할 단지를 결정했다. 따져봐야 할 조건들이 맞지만, 아무래도 여성의 기준으로 오피스텔 단지를 선정하는 게 임대 놓는 데 더 도움이 될 것 같다. 여성들은 다른 것보다 '치안'을 가장 중요시하고, 그다음에 쇼핑, 맛집, 문화생활을 생각한다.

또 하나의 공통 키워드는 '직장인'이다. 직장인이라면 출퇴근이 편리해야 하고 퇴근하고 나서는 편하게 쉴 수 있어야 한다. 차량으로 출퇴근하는데 출차에 20분씩 걸리는 기계식 주차장은 아무래도 꺼려진다. 지하철로 출퇴근한다면 일자리가 많은 강남, 구로디지털단지, 당산역, 서울시청에 모두 닿을 수 있는 2호선이 유리하다. 게다가 2호선은 출근시간대 배차 간격이 2분 30초이고, 10량의 열차 칸이 있을 정도로 수송능력이 뛰어나다. 밤늦게 야근을 하고 퇴근하는데 여러 번 환승을 해야 집에 돌아갈 수 있다면 아무래도 꺼려진다. 서울 3대 업무지구인 강남, 시청, 여의도와 가까운 2호선 오피스텔을 찾아보자.

서울 직장인들의 평균 연봉은 얼마일까? 국세청이 제출한 '광역자치단체별 근로소득 연말정산 신고현황(주소지 기준)'에 따르면, 2020년 서울의 1인당 평균 총급여액은 4,380만 원으로 전국 평균 3,830만 원보다 550만 원 많았다. 대략 365만 원의 월급을 받는다면 실수령액은 월 300만 원 내외일 것으로 추정된다. 내가 임차인이라고 생각해보고, 실수령액 300만 원일 때 최대 얼마까지 월세로 지불할 수 있을지 생각해보자.

필자는 월급의 1/3 정도인 월세 100만 원이 심리적 저항선이 아닐까 싶다. 그래서 하이엔드 오피스텔의 높은 공실률과 낮은 수익률이 우려된다. 월세가 아니라 전세라면 사회초년생이 이용할 수 있는 전세보증금대출상품은 무엇이 있는지 알아봐야 한다. 사회초년생이 모을 수 있는 상식적인 전세보증금 금액대는 얼마일지도 따져봐야 한다. 월급의 절반을 5년간 모은다면 1억 원 남짓, 이것에 부모님 지원금을 조금 너해서 전세를 알아볼지도 모른다.

또 다른 키워드는 '20, 30대 미혼'이다. 결혼적령기의 젊은 남녀는 짝을 찾아다닌다. '놀이, 문화'를 즐길 만한 곳에 가야 상대방을 찾을 수 있다. 기왕이면 강남 같은 좋은 동네에서 짝을 만나고 싶을 것이다. 강남에 일자리도 많지만, 좋은 짝을 만날 기회도 많으므로 강남 접근성을 또 따질 수밖에 없다. 이미 짝이 있어 데이트하더라도 2호선이 여러모로 유리하다. 서울 전역을 순환하기 때문에 어디든 편히 닿을 수 있다.

요약하자면, 우리의 임차인들은 '20, 30대 미혼 여성 직장인'의 모습을 하고 있을 것이다. 이들은 직장도 다녀야 하고 문화생활도 즐기면서 짝을 만나야 한다. 결국, 2호선 역 주변 오피스텔을 집중적으로 공략해야 한다. 그리고 미혼 여성이기 때문에 안전해야 하고, 주변 편의시설도 잘되어 있어야 한다. 퇴근길 동선이 너무 골목이어서는 안 되고 유흥가는 피하려고 한다. 그리고 경비원이 24시간 상주했으면 좋겠다. 세대수가 많아야 3교대 경비원을 고용할 만한 규모가 된다. 그렇다고 월세가 너무 비싸면 사회초년생 직장인이 부담할 수 없다.

결론적으로 '2호선 초역세권, 많은 세대수, 3억 원 미만'으로 필터링을 하게 된다. 이처럼 내가 임차인이 되어서 투자를 결정하는 것은 비단 오피스텔에만 적용되는 게 아니니 '입장 바꿔 생각해보기'를 습관처럼 해보자.

투자 사례 :
중소기업 직장인들이 몰리는
가산센트럴푸르지오시티

가산센트럴푸르지오시티는 가산디지털단지와 구로디지털단지 사이에 있는 2020년 7월식, 1,457세대 브랜드 오피스텔이다. 세대수에서 알수 있듯이 무척 대단지며, 부지 자체 크기도 아파트 단지처럼 크다. 오피스텔의 배후 일자리로 IT중소기업이 많은 가산디지털단지와 구로디지털단지가 있다.

배후 일자리가 풍부한 가산센트럴푸르지오시티   출처 : KB부동산

단점부터 이야기해보면 초역세권이 아니다. 가산디지털단지역까지 950m이고, 네이버 지도로 도보 14분이 나온다. 유일한 단점이지만 치명적이다. 그런데도 여러 채를 매수한 이유는 이 오피스텔에 거주하는 수요 대부분은 구로/가산디지털단지에 출퇴근하려는 직장인이기 때문

이다. 가산디지털단지 일부는 도보권으로 가능하고 구로디지털단지는 100m 거리 마을버스 정류장에서 출퇴근할 수 있다. 일자리로 이동하는 수단이 지하철이 아닐 것이라는 판단으로 매입했고, 투자한 오피스텔 중 유일하게 초역세권이 아니다. 그리고 면적이 대부분 17㎡로 작은 편에 속한다. 주차방식은 자주식 주차이고, 주차대수가 세대수에 비해 많은 편은 아닌데, 저렴한 금액대의 오피스텔은 대부분 사회초년생이 입주민이라, 자가용이 없는 경우가 많다. 그래서 주차장이 여유 공간이 많다.

장점	단점
1,457세대 대단지, 신축, 브랜드 아파트 인프라 공유 단지 내 상가, 상권 발달	비역세권 좁은 면적

가장 큰 장점은 구로/가산디지털단지를 통틀어서 신축이고, 세대수가 많은 오피스텔이다. 디지털단지 내에 오피스텔을 찾아보면 대부분 연식이 20년에 가깝거나, 세대수가 적은 오피스텔들이 많다. 유일하게 대적할 만한 오피스텔이 램킨푸르지오시티 오피스텔이다. 역세권에 경찰서를 끼고 있지만, 연식과 세대수가 조금 아쉽다. 램킨푸르지오시티는 상업지에 있는 반면에 가산 센트럴푸르지오시티는 준공업지대에 자리 잡고 있다. 시끌벅적한 상업지보다는 조용한 주거지, 아파트 단지 느낌이 난다는 점이 차이점이다. 아파트와 인프라를 공유하다 보니 주거지로 상권(맛집, 카페, 미용실 등)도 훌륭하다. 그래서 디지털단지에 근무하

는 여성 직장인들이 원룸을 구한다면 선택받을 가능성이 매우 크다.

세대수가 많으면 자체적으로 입지를 만드는 효과가 있다. 세대가 많다 보니 단지 내 상가에도 공실이 없고, 피트니스센터, 식자재마트, 편의점, 여러 종류의 음식점이 모두 입점해 있어 단지를 벗어날 일이 많이 없어 보인다. 아파트가 인근에 있다 보니 오피스텔에는 드문 식자재마트가 있다. 또, 세대수가 많다 보니 관리비도 상당히 저렴한 편이다.

세대수가 굉장히 많아서 관리비 저렴 평균 7만 원 정도. 주차장 깨끗하고 여유 있고 바이크 전용 구역도 있습니다.
현재 제가 사는 집은 층간소음 옆집 소음 없습니다. 단점은 평수가 작아서 침대, 책상, TV를 전부 두기엔 좀 힘든데 노련한 인테리어로 극복 가능합니다.

이 구역에선 최고죠!!

신축이라 깨끗하고 주변 인프라가 너무 좋음. 지하에 마트, 헬스장 등등 다 있고
대형 아울렛도 코앞에 네 개나 있음. 단지 안내 방송을 자주 할 때가 많음.

너무 좋습니다. 전세인데 주변도 좋고 메이저급으로 하나 사놓을까 합니다!!

가산센트럴푸르지오시티 후기   출처 : 호갱노노

여러 채를 매수했고 그중 일부는 경매로 낙찰받아서 1억 4,100만 원부터 비싸게는 일반 매매로 1억 5,300만 원까지 매수했다. 전세보증금은 1억 4,500만 원으로 내놓으면 바로바로 나갔다. 투자금 500만 원과 취득세만 있으면 전세 안 나갈 걱정 없이 편하게(?) 매수할 수 있었다. 참고로 월세 시세는 1,000만 원/55만~60만 원 선(수익률 4.5% 이상)이다. 놀랍게도 지금껏 하락하다가 이제 겨우 분양가를 회복했다고 하니, 너무 저렴하다는 생각이 든다.

전세 계약을 하면서 기억에 남는 젊은 여성 임차인이 있다. 구로디지

털단지에서 근무하는데 임차인에게 이곳을 선택한 이유를 물어봤다. 자신은 어차피 버스로 출퇴근하고, 구로디지털단지역 위쪽은 중국동포가 많이 살아서 부담스럽다고 했다. 인근에 거주할 만한 신축 오피스텔이 여기 밖에 없어서 선택했다고 한다. 어느 정도 내 예측이 적중했다는 것을 알 수 있었다.

2022년에 매입한 대부분의 원룸 오피스텔은 2~4년 뒤에 매도할 생각으로 매수를 했다면, 이 오피스텔은 2년 차 신축이기에 장기보유할 생각하고 여러 채를 매입했다. 2년 뒤에 일부 호실은 담보대출을 받아 전세보증금을 내어주고, 월세로 전환한다면 수익형 상품의 역할을 할 것이다.

여성이 안전한 오피스텔이
공실이 없다

공실이 없는 오피스텔이 좋은 오피스텔이다. 영등포역 인근에 있는 영등포 센트럴푸르지오시티 오피스텔을 임장 중에 공인중개사에게 매매든, 전세든, 월세든 빈방이 있으면 아무거나 보여달라고 했다. 대뜸 돌아오는 대답이 "여기는 공실이 없어요. 전세, 월세 입주 대기자가 줄 섰거든요"란다. 자기도 여기 살고 있다고, 방을 보려면 자기가 사는 방을 보여줘야 한단다. 속으로 '얼마나 좋으면 공인중개사 본인이 살고 있으며, 여기는 전세 못 맞출 걱정은 없겠구나'라고 생각했다. 매매할 수 있는 매물도 없어서 결국 투자를 못 했던 아쉬움이 많은 단지다. 오피스텔 소유주의 90%는 투자자다. 소유주 본인은 인근 아파트에 거주하면서 전세나 월세로 세를 준다. 그러므로 공실이 없는 좋은 오피스텔을 고르려면, 오피스텔을 찾는 임차인들이 어떤 고객인지부터 알아야 한다.

오피스텔의 주요 입주민들은 '20대 미혼 직장인 여성'이 대다수다. 내가 보유한 오피스텔 임차인의 80% 정도가 '미혼 직장인 여성'이다. 이들이 오피스텔을 선택하는 이유를 연구하면, 곧 좋은 오피스텔의 조건을 알 수 있다. '미혼 직장인 여성'이 다세대주택, 다가구주택이 아닌 오피스텔을 선택하는 가장 큰 이유는 단연코 치안 때문이다. 강도, 살해, 성범죄가 일어났다는 기사를 보면, 딸이 있는 부모들은 대로변 오피스텔이나 소형 아파트를 하나 마련해주고 싶을 것이다. 쉽게 말해 딸이 있는 부모의 마음으로 오피스텔을 고르면 실패는 없다.

여성들이 선호하는 치안의 조건은 귀갓길 안전도다. 야근을 마치고 귀가하는 데 술에 취한 취객이나 성매매 업소 손님들이 길에 돌아다니면 얼마나 무서울까? 여성들은 밝고, 길이 넓은 대로변을 선호한다. 유동인구가 많으면 보는 눈이 많아서 범죄가 발생하기 쉽지 않기 때문이다. 서초 남부터미널역이나 방이동 먹자골목 인근 오피스텔의 치명적인 단점이 아직은 유흥시설이나 모텔이 남아 있다는 것이다(이런 시설들도 경제적 논리에 따라서 없어지고, 새로운 오피스텔이 생기면 동네 분위기가 달라질 수도 있으니 무조건 배제하지는 말자).

네이버 지도 로드뷰로 지하철 출구에서부터 오피스텔까지 일일이 탐방해보라. 어떤 가게들이 있고, 어떤 사람들이 돌아다니고, 인도는 널찍한지, 골목에 주차된 차들이 많은지, 분위기가 밝고, 가로등이 많이 있는지도 확인해봐야 한다.

또 하나 중요한 것은 역과의 거리다. 귀갓길이 멀면 멀수록 시간도 시간이지만, 범죄 위험에 노출되는 시간도 길어진다. 그래서 가장 좋은 것은 역에서 가까운 정도가 아니라, 지하철 출구가 오피스텔 입구인 곳들이다. 쉽게 말해서 지하철 출구가 건물 안에 있다. 비가 오는 날에도 비 한 방울 맞지 않고 안심하고 귀가할 수 있다. 필자는 이런 오피스텔들은 '독점적 지위'를 가졌다고 표현한다. 옆에 신축 오피스텔이 들어온다 한들 지하철 출구를 다시 잇기는 힘들다. 지하철 출구 직결은 흉내내기 힘들어서 연식이 낡아가도 임차인을 구하기 수월할 것이다. 대표적인 단지들을 다음 표에 적어봤다.

역세권 대표적인 오피스텔 단지

지하철 역사	오피스텔 명	연식/세대수(+는 주상복합)
강남구청역	sk허브블루	2005년식 235세대
신당역	청계천두산위브더제니스	2014년식 332세대+
마포역	마포한화오벨리스크	2004년식 608세대
영등포시장역	포레나영등포센트럴	2020년식 111세대
합정역	마포한강푸르지오2차	2016년식 448세대
건대입구역	한림타워	2006년식 375세대
왕십리역	왕십리이스타빌	2006년식 240세대
충정로역	충정로충정E편한리시온	2004년식 90세대+
양천향교역	마곡센트럴대방디엠시티	2017년식 1,281세대
마곡나루역	보타닉푸르지오시티	2017년식 1,390세대
문정역	엠스테이트	2016년식 730세대
신용산역	래미안용산더센트럴	2017년식 782세대+
수서역	현대벤처빌	2002년식, 521세대
천호역	브라운스톤천호	2007년식 143세대
신림역	동부센트레빌335	건축 중, 335세대
화곡역	한양더챔버	건축 중, 154세대

치안에 대해 첨언하자면, 1층 현관의 잠금장치 보안 수준과 경비원의 상주 여부도 매우 중요하다. 잡상인들이나 상가 이용고객들이 자유롭게 오피스텔 복도를 드나들 수 있다면, 엘리베이터를 같이 타야 하기도 하고 불안한 점들이 많다. 혹시 신림동 강간미수범 사건을 기억하는가? 30대 남성이 술 취한 젊은 여성의 귀갓길을 미행하다가 집에 들어가려는 순간, 뒤따라 들어가려고 했던 소름 끼치는 사건이다. 1층 현관의 보안이 철저하거나 경비원이 상주했다면 방지할 수 있었던 사건이다. 같은 이유로 24시간 경비원이 상주하고 있는 오피스텔들도 임차인에게 인기가 좋다. 필자는 대부분 현장에 가보지 않고, 호갱노노 입주민 후기로 치안이 괜찮은지 확인한다. 별것 아닌 것 같지만 여성 임차인들에게는 중요한 선택 요소가 될 수도 있으니 확인할 필요가 있다.

20대 여성에게 치안 다음으로 중요한 것은 쇼핑과 문화생활일 것이다. 오피스텔 중 지하부터 2층까지 상가로 구성된 오피스텔들이 많다. 이런 곳에 복합쇼핑몰이 잘 형성이 되어 있다면 긍정적인 요소다. 네일아트전문점, 대형서점, 스타벅스, 디저트카페, 맛집, 프랜차이즈 식당, 편의점, 마트 등이 있으면, 임차인들에게 선호도가 높다. 합정역의 마포한강푸르지오는 딜라이트 스퀘어 복합몰을 품고 있다. 이 복합몰에는 교보문고, 병원, 매드포갈릭, 미용실, 은행 등 모든 게 있다. 심지어 지하철과 연결되어서 복합몰을 통해 오피스텔을 들어가는 구조다. 지하철 출구가 딜라이트스퀘어 복합몰과 연결되어 있다. 귀갓길에 쇼핑몰에 들러서 맛집에서 먹고, 디저트를 사며, 교보문고에 들러서 책을 읽다가 걸어서 집에 가면 창문 너머 한강 뷰가 보인다. 이보다 더 안전하고 행복한

퇴근길이 있을까 싶다. 이 오피스텔은 원룸임에도 불구하고 3억 원을 호가하고, 임차 수요도 풍부하다.

요약하자면, 20대 여성 임차인의 니즈를 파악해야 공실이 없는 좋은 오피스텔이다. 여성 임차인은 여러 주거 형태 중 '치안' 때문에 오피스텔을 선택한다. 그래서 치안이 훌륭한지, 아닌지가 정말 중요하다. 귀갓길이 안전한 느낌이 드는지, 너무 멀지는 않은지, 건물 보안은 잘 관리되는지 확인해봐야 한다. 더불어서 오피스텔 내 상가에 쇼핑몰이 형성되어 있다면 금상첨화일 것이다.

투자 사례 : 전세가보다 싸게 산 문정동 엠스테이트

오피스텔 매수 수단은 일반 매매뿐만 아니라, 경매나 공매도 있다. 이번에는 서울시 송파구 문정동에 있는 '엠스테이트' 오피스텔을 낙찰받은 사례를 보자. 일단 경매 정보지에 다음과 같이 나와 있다.

말소기준권리가 되는 근저당권 3,000만 원이 2019년 7월 26일에 설정되었는데, 그 이후에 전세 2억 원에 임차인이 전입했기 때문에, 안타깝게도 임차인의 대항력이 상실되는 물건이다. 쉽게 이야기하면 낙찰받으면 임차인은 영락없이 나가야 하는 경매 물건이라는 것이다. 2억 8,320만 원 정도에 신건 입찰을 했고, 2등과 320만 원 정도 차이가 났다. 왜 굳이 경매를 신건으로 감정가를 넘기며 낙찰받았을까?

소재지	서울 송파구 문정동 643-1 엠스테이트 씨동 4층 씨-		[법원로 114] 도로명 검색			
물건종류	오피스텔	사건접수	2020.07.17	경매구분	임의경매	
건물면적	29.79㎡ (9.01평)	소유자	최OO	감정가	278,000,000원	
대지권	대지권미등기	채무자	최OO	최저가	(100%) 278,000,000원	
매각물건	건물전부	채권자	이OO	입찰보증금	(10%) 27,800,000원	

입찰 진행 내용

구분	입찰기일	최저매각가격	상태
1차	2022-05-16	278,000,000	낙찰

낙찰 283,213,460원 (102%)
(응찰 : 2명 / 낙찰자 : 정OO / 차순위 : 280,000,000)
매각결정기일 : 2022.05.30 - 매각허가결정
대금지급기한 : 2022.07.07
대금납부 : 2022.06.28 / 배당기일 : 2022.08.09

물건 사진

문정동 엠스테이트 경매 정보

경매로 낙찰을 받으면 장단점이 있다. 우선 제일 좋은 장점은 시세보다 싸다는 점이다. 입찰 시점에 해당 타입의 시세가 3억 2,000만 원을 호가하고 있으니, 못해도 3,000만 원은 안전마진으로 가져간다고 볼 수 있다. 두 번째 장점은 임차인 명도가 되는 매물을 사는 것과 같다는 것이다. 갭 투자를 하기 위해서는 전세가를 높게 빼려고 현재 임차인이 나가는 매물을 찾느라 고생이다. 경매는 인도명령소송 등을 이용하면 확실하게 임차인을 명도할 수 있다. 사람들은 경매라고 하면 복잡하리라고 생각하지만 그렇지 않다. 대부분 대화로 명도가 해결된다. 그래서 현재 새로운 전세 임차인을 2억 9,000만 원에 받아서, 취득세를 제외하고 680만 원 정도 플러스피 투자가 되었다.

경매의 가장 큰 단점은 새롭게 전세를 놓으면서 잔금을 치르는 게 어렵다는 것이다. 갭 투자 방식이 안 되다 보니까 낙찰대금만큼 현금을 갖고 있거나, 그만큼 은행에서 대출을 받아야 한다. 취득세는 별도로 적어도 20~30%의 돈은 갖고 있어야 잔금을 치를 수 있다. 만약 잔금을 마지막까지 못 치른다면, 입찰보증금 10%를 날릴 가능성도 있다. 다행히 필자는 80%의 신탁대출을 받고, 내 여웃돈을 더해서 잔금을 잘 치렀는데, 낙찰부터 명도까지 통상 3개월 정도 걸린다. 그래서 "경매 입찰을 하지 않고, 급등할 매물을 5개 갭 투자하는 것이 수익 관점에서는 더 낫지 않았을까?" 하는 생각도 든다. 어찌 되었든 시세 대비 3,000~4,000만 원 싸게 사서 확정수익을 내고 플러스피 투자까지 되었으니 괜찮은 투자 방법이다. 그러나 경매 투자자가 경계해야 할 점은 모든 투자 범위를 법원 경매에서만 생각한다는 것이다. 아파트를 5% 싸게 낙찰을 받고서, 2년 뒤에 10%가 떨어지면 아무 소용이 없다. 경매는 매수의 한 가지 수단일 뿐이고, 우리는 앞으로 상승할 자산을 매입해야 한다는 것을 명심하자.

문정동 엠스테이트	낙찰 가격	전세 세팅	2022년 7월 매매가
전용 29.79㎡	2022년 5월 2억 8,300만 원	2억 9,000만 원	3억 2,000만 원

이번에는 문정동 엠스테이트 오피스텔 이야기를 해보자. 문정역에는 서울동부지방법원과 검찰청이 있어 공무원들과 여러 법부 관련 직장들이 많다. 또한, 9호선 급행 석촌역과 분당선 복정역 환승이 가까워서 강

남, 여의도, 판교 출퇴근 수요도 흡수할 수 있다. 문정역에서 으뜸가는 오피스텔은 엠스테이트인데, 그 이유는 8호선 문정역과 오피스텔이 지하로 연결되어 있기 때문이다. 더불어서 오피스텔 지하에는 문정역과 어우러져 상권이 잘 형성되어 있어서 여성 임차인들의 선호도가 높은 오피스텔이다.

사실 문정역 인근 오피스텔 투자에 그렇게 긍정적이지 않아서 필자가 추천하는 투자 지역은 아니다. 법원 관련 일자리보다 주변 오피스텔 세대수가 많은 편이고, 대부분 원룸으로 구성되어 있어서 경쟁 오피스텔이 많다. 그리고 송파 네임밸류, 신축, 대단지, 역세권이라는 키워드로 이미 많은 투자자가 2021년부터 진입해서 다음 전세 임차인을 못 맞추거나 매도가 어려울 리스크도 있다. 하지만 필자는 경매로 낙찰받았기 때문에 2021년 가격으로 살 수 있었고, 전세는 시세대로 내놓았다. 투자금이 거의 들지 않았기 때문에 마음 편한 투자를 할 수 있었다.

이번 투자 사례를 통해서 경매로도 괜찮은 오피스텔을 깨끗한 상태로 매수할 수 있다는 것을 보여드리고 싶었다. 또한, 경매는 매수의 수단일 뿐 그것에 너무 매몰되지 않고 매매든, 경매든 '오르는 자산'을 사는 것이 중요하다는 것을 강조하고 싶다.

이영애 같은 오피스텔을
사야 오른다

이영애 같은 오피스텔을 사라니, 뜬금없이 무슨 소리인가? 배우 이영애 씨를 보면 연령대가 어때 보이는가? 이상하게도 드라마 〈대장금〉 이후로 피부에 방부제를 넣으셨는지 미모가 변함이 없다. 아마도 자기관리를 열심히 하셨기에 그랬으리라고 생각한다. 오피스텔도 관리사무소에서 관리를 열심히 하는 오피스텔을 사야 한다. 연식은 숫자일 뿐이다. 이번에는 관리의 중요성에 관해서 이야기하려고 한다.

호갱노노 앱을 이용하면 관리사무소와 경비아저씨, 환경미화원들이 얼마나 성실한지까지 파악할 수 있다. '관리사무소에서 전등까지 갈아줘요', '복도와 분리수거장이 항상 청결해요', '경비아저씨가 너무 불친절해요' 등 자세한 후기를 볼 수 있다. 이 같은 후기들은 집주인이 아닌 임차인들이 작성했기 때문에 믿을 만하고 과하게 노골적이다. 그 오피스텔에 관심 있는 예비임차인들도 보는 곳이기 때문에, 호갱노노 평이 좋지 않다면 임차인을 구하기 힘들지도 모른다.

신림역에 있는 삼모더프라임타워는 2011년식이지만, 직접 임장해 보니 체감상 2015년식 오피스텔과 유사한 수준의 상태를 지녔다. 복도 청결 상태, 1층 로비, 상가 주변 청결도, 주차장 내부 시설, 외벽 등을 봤을 때 이영애 씨처럼 방부제를 넣은 것 같다. 다음은 호갱노노에 있는 삼모더프라임타워에 대한 후기다.

주변에 편의점, 식당, 프렌차이즈, 전통 시장, 스포츠센터, 카페 별의 별것들이 다 있어요. 자취하시는 분들이라면 매우 추천입니다. 1층 경비소장님들이 택배를 맡아 주시는데 매우 친절하시고 하나 단점은 차 있는 분들은 주말에 외부차량 때문에 내 집에 내 차 주차가 좀 힘듭니다(웨딩홀, 식당, 산후조리원 등등 외부에서 주말에 엄청 찾아와요).

9년 된 오피스텔인데 정말 깨끗하게 관리되고 있어요. 그래서인지 관리비는 비쌉니다(평균 14~16만). 벽간소음 있습니다. 아직까지 벽간소음 말고는 단점을 못 찾겠어요. 전국 최다 배달음식점들을 경험할 수 있답니다. 전망 좋고, 쾌적합니다. 5분 내로 지하철 탈 수 있어요.

삼모더프라임타워 후기   출처 : 호갱노노

실거주자 관점에서 오피스텔의 장단점을 솔직하게 적은 적나라한 후기들이 많고, 공인중개사들이 숨기거나 말해주지 않는 정보까지 볼 수 있어서 호갱노노 후기를 모두 읽어보는 것은 필수다.

엘리베이터와 관련된 정보도 인터넷 검색만으로는 알아내기 힘들다. 엘리베이터는 몇 대가 있는지, 속도는 느린지, 출퇴근 시간에는 밀리는지, 상가고객들과 함께 사용하는지 체크해볼 필요가 있다. 엘리베이터가 오피스텔 투자에 뭐가 중요하다고 그러느냐 할 수 있지만, 공덕역에 있는 OO오피스텔의 호갱노노 후기를 살펴보자.

엘리베이터 관련 후기   출처 : 호갱노노

　이런 오피스텔이라면 오히려 저층에 투자하는 것이 더 임차인을 구하기 쉬울지도 모른다. 출퇴근 시간에 엘리베이터가 오래 걸리면 계단으로 내려가는 것이 가능하기 때문이다. 숫자로만 나타나는 세대수, 연식만 보고 투자하면 엘리베이터 속도, 관리성실도, 실거주 만족도 같은 주관적인 정보를 놓치기 쉬우니 호갱노노 후기를 반드시 모두 확인하자.

　오피스텔은 전용률이 높아 관리비가 면적 대비 많이 나오는 편이기 때문에 임차인들도 이를 제2의 월세라고 생각한다. 심지어 관리비가 많이 나오는 곳은 30~40만 원이 나오기 때문에 만기를 채우지 못하고 도망치듯 나가는 임차인들도 많다. 이런 곳을 매수한다면 계속 공실이 생기겠지만, 집주인은 관리비 고지서를 받아본 적이 없으므로 계속되는 공실의 이유를 모를 것이다. 아파트와 다르게 오피스텔은 냉난방 방식이 다양한데, 냉난방 방식에 따라 관리비가 널뛰기하므로 이것 또한 공실 리스크다. 다음은 다양한 방식에 대한 설명이다.

냉난방 방식 비교

구분	설명	장/단점
지역난방	도시가스가 아닌 지역난방업체에서 공급	가격이 저렴하고, 무조건 안 좋은 것 아님.
지역냉방	에어컨 실외기가 아니라 FCU방식	실외기 방식보다 덜 시원함.
중앙냉난방	관리사무소에서 냉/난방 제어	관리비 상승 요인, 임차인 불편 호소
가스보일러	아파트에서 주로 하는 방식 도시가스로 바닥, 온수난방	가장 보편적이고 선호됨.
전기보일러	가스가 아닌 전기로 바닥, 온수난방	주택용 전기요금은 누진세이므로 전기요금 폭탄, 공실 요인
라디에이터 중앙난방	주거용이 아닌 1990년대 사무실형 오피스텔에 많이 보급됨. 작동시간 정해져 있음.	관리비 상승 요인, 비선호

당산역 삼성쉐르빌과 당산역 효성해링턴타워 오피스텔 비교

구분	삼성쉐르빌	당산역 효성해링턴타워
바닥난방 방식	전기보일러 바닥난방	도시가스 보일러 바닥난방/온수
온수 방식	전기 온수 저장탱크 방식	
호갱노노 평	관리비 진짜 할많하않 겨울에 패딩 입고 잠	방이 따뜻할까요? 난방 걱정이 많아서 ㅠㅠ 옆 삼성쉐르빌에 비하면 천국입니다.

둘 다 같은 위치에 있고, 삼성쉐르빌 오피스텔의 경우 일부 한강 뷰도 보이는 오피스텔이지만, 난방방식 하나로 임차인들의 호불호가 갈린다. 삼성쉐르빌은 한번 들어왔다가 전기 난방방식 문제로 불편하고, 누진세 전기요금 폭탄으로 만기가 되면 바로 나간다. 오히려 옆에 있는 당산역 효성해링턴타워는 삼성쉐르빌에서 넘어오는 임차인들에게 도시가스 보일러 난방방식이라는 이유만으로 인기가 좋다.

일부 악덕한 오피스텔 관리사무소는 부정한 방법으로 관리비에 손을 대거나, 부당한 이득을 취하기도 한다. 공덕역 푸르지오시티 오피스텔은 관리사무소 운영에 문제가 있어 소유주들이 직접 나섰고, 재판에서 승소해서 관리사업단이 바뀌었다. 이렇게 소유주가 직접 나서는 경우는 드문 이유가 아파트는 입주민의 상당수가 소유주지만, 오피스텔은 입주민이 임차인인 경우가 대부분이다. 따라서 관리사무소에 문제가 있다 한들 '내 집도 아닌데 2년, 4년을 채우고 나가면 그만이지'라는 생각일 것이다. 입주민들의 월 주차비 일부를 빼돌린다던가, 이사 시 사용하는 엘리베이터 사용료를 징수하고 빼돌리거나, 발주공사, 용역으로부터 리베이트를 받는 방식으로 횡령한다.

다시 한번 강조하지만, 투자 후보 오피스텔의 호갱노노 후기를 '모두' 읽어야 한다. 우리의 고객, 입주민들의 생생한 정보와 후기가 있고, 투자 판단에 아주 중요한 단서가 된다. 공실률이 낮은 오피스텔을 고르는 확실한 방법은 임차인들이 만족하는 오피스텔을 고르는 것이다. 관리상태, 엘리베이터 성능, 냉난방 방식, 관리비 등을 체크해서 임차인들이 대기번호를 달아놓는 오피스텔을 선별하자.

〈매수 포인트〉
• 2호선, 9호선 환승역
• 대단지, 준신축, 브랜드 오피스텔
• 입주민들의 훌륭한 호갱노노 후기

투자 사례 :
관리 잘된 갓성비 오피스텔,
신림역 삼모더프라임타워

삼모더프라임타워는 신림역에 있는 2011년 10월에 준공된, 414세대의 오피스텔이다. 보통 10년 이내의 연식의 오피스텔을 눈여겨보는데, 2호선 신림역의 수요 대비 오피스텔 공급이 너무 적다 보니 예외를 두었다. 신림역은 서초, 강남, 구로디지털단지, 영등포, 여의도 직주근접이 좋고, 서울대와 고시촌이 인근에 있는 훌륭한 입지다. 구로디지털단지에서 일하는 친구에게 왜 그곳에 일자리를 찾지 않느냐고 물어보니 대림동 쪽은 중국인들이 많아서 싫고, 2호선을 따라가면 전월세 매물이 많은 신림역을 선택하게 된다고 대답했다. 그만큼 신림역은 동네가 조금 낙후되었어도, 집값이 저렴한 편이어서 사회초년생과 대학생들의 저렴한 방을 찾는 자취수요가 풍부하다.

최근 신림동에서 벌어진 성폭행 미수 사건이 생각난다. 술 취한 20대 여성을 길에서 발견한 남성이 집 문 앞까지 쫓아가서 성폭행하려다 잠금장치가 잠겨 미수에 그친 사건이다. 딸 가진 부모들이 참 불안하기도 했을 것이고, 많은 신림동 여성 임차인들이 오피스텔을 선호할 것 같다는 생각이 든다. 그런데 이곳은 골목골목 오래된 다가구주택, 다중주택은 많아도 오피스텔은 흔하지 않다.

신림역 인근 오피스텔

　신림역에 오피스텔을 막상 찾아보면, 삼모더프라임타워와 SK허브그
린 오피스텔(2004년식, 219세대)밖에 없다. 삼모더프라임타워는 신림역에서
도보 200m 정도의 대로변을 걸으면 되기 때문에 귀갓길 치안 관점에서
도 훌륭하다. 1층에는 경비원이 상주해 택배까지 받아주니 여성 임차인
이 안심할 만하다. 그래서 '신림역에 오피스텔을 고른다면 삼모더프라
임타워 외에는 선택지가 없구나'라는 투자 아이디어가 떠올랐다. 임장
을 해보니 어느 정도는 맞았다. 임장 시 만난 공인중개사는 "지방에서
올라온 자취생들이 저기 우뚝 솟은 삼모더프라임타워 오피스텔에 살아
보는 게 꿈"이라고 반농담으로 이야기했다.

　2021년 여름에 시세를 조사해보니, 전용 24㎡가 매매, 전세 모두 1억
6,500만 원대, 전용 43㎡의 1.5룸이 매매 2억 8,000만 원, 전세보증금은

2억 5,000만 원 정도였다. 서울 2호선 정중앙에 1억 6,000만 원에 전용 7평이 넘는 오피스텔을 살 수 있다니, 기가 막힐 노릇이었다. 2021년 여름에 1.5룸을 2억 8,000만 원에 매수해서 2억 5,000만 원에 전세를 놨다. 1년이 지나서 2022년 여름에 전용 30.8㎡ 원룸을 1억 9,200만 원에 매수(기전세 1억 7,000만 원)했고, 전용 23.89㎡ 원룸을 1억 6,700만 원에 매수, 1억 6,250만 원에 새로 전세를 놓았다(KB부동산 하한가에 맞춰서).

최근에는 신림역 인근에 1.5룸과 투룸을 분양하고 있지만, 금액대가 9억 원이 넘어서 준신축 오피스텔과 가격경쟁이 되지 않는다. 애초에 신림역에 9억 원대 수요가 있을지 의문이다.

놀라운 것은 경전철 '신림선'이 2022년 6월에 개통된 이후부터 호가가 뛰기 시작했다. 신림선은 경전철임에도 불구하고 지하로 다니고, 서울대에서 2호선 신림역을 거쳐 최종 여의도 샛강역까지 닿을 수 있는 알짜 노선이다. 덕분에 신림역에서 서울대 학생, 여의도 직장인들 수요까지 커버할 수 있게 되었다. 1.5룸은 1년 만에 실거래가로 3,500만 원 정도 올랐고, 원룸 오피스텔도 호가가 1,500만 원 정도 올랐다. 신림선이 착공된 사실이 비밀도 아니었고, 때가 되면 당연히 개통될 것이었다. 그런데 실제 개통되자 언론의 주목을 받고, 신림선 일대 부동산 매매와 전월세 호가가 들썩였다는 사실이 주목할 만하다.

삼보더프라임타워 투자 내역

타입	매수가격	전세 세팅	2022년 7월 매매 시세
전용 23.89㎡	2022년 5월 1억 6,700만 원	1억 6,250만 원	1억 8,000만 원
전용 30.8㎡	2022년 5월 1억 9,200만 원	1억 7,000만 원 (예전 시세)	2억 2,500만 원
전용 43.68㎡	2021년 5월 2억 8,000만 원	2억 5,000만 원	3억 1,500만 원

〈매수 포인트〉
- 신림선 개통 호재에 맞춰서 매수 후 전세 놓자 전세 수요 많음.
- 2호선 직주근접 위치치고는 너무 저렴한 가격
- 연식 대비 깨끗한 관리상태와 관리사무실이 성실하고 친절

오피스텔 수익률이
높은 것이 좋은가요?

오피스텔 수익률은 참고 정도만 해야 한다. 오피스텔은 일반적으로 수익형 투자 상품으로 분류된다. 상가 또한 대표적인 수익형 상품이라 수익률이 함께 비교된다. 상가의 가치를 평가하는 모델로 월세를 평균 수익률로 역산해 매매가를 산출하는 방식이 있다. 예를 들어, OO지역의 올근생 건물의 평균 수익률이 4.0%라고 하면, 월세 500만 원이 나오는 건물의 매매가는 15억 원으로 역산하는 방식이다.

매매가 = 월세 × 12개월 / 수익률

오피스텔이 수익형 상품이라는 선입견 때문일까? 이 모델을 주거용 오피스텔에 적용해서 매매가를 추정하는 경우가 더러 있다. 그러나 오피스텔은 수익률로 접근해서는 안 된다. 상가와는 달리 매매 시세와 월세 시세가 아파트처럼 표준화되어 있고, 크게 차이가 나지 않기 때문이다.

상가는 같은 번지에 위치하더라도 후면에 있느냐, 외부에 있느냐, 1층에 있느냐, 3층에 있느냐에 따라서 매매, 월세 시세가 천차만별이다. 반면에 주거형 오피스텔은 같은 번지에 있다면 남향이냐 북향이냐, 저층이냐 고층이냐에 따라서 가격 차이가 있지만, 그 가격의 차이가 10%를 넘지 않는다. 오히려 전월세 시세는 크게 차이가 나지 않아서 수익률은 북향, 저층이 더 좋을 때가 있다. 매매가는 저렴한데 전월세 시세는 유사하기 때문이다. 결국, 상가의 가치평가 모델을 주거형 오피스텔에 적용해서 저평가, 고평가 여부를 따져서는 안 된다.

오피스텔은 수익률만으로 매수를 결정하는 우를 범해서는 안 된다. 역설적이게도, 좋은 오피스텔일수록 수익률은 낮다. 수익률은 단순히 월세를 매매가로 나눈 값이다. 좋은 오피스텔들은 월세뿐만 아니라 수치화할 수 없는 가치들이 프리미엄의 형태로 매매가에 녹아 있기 때문에 그렇다. 지역 네임밸류, 환금성, 공실률, 연식, 브랜드, 조망 같은 것들이다. 이는 상가도 마찬가지다. 1층 상가일수록 공실률이 낮고, 반대로 수익률은 떨어진다. 입지가 좋은 상가일수록 수익률이 떨어지고, 안쪽에 있는 후미진 상가일수록 수익률이 높아진다.

오피스텔도 강남이라는 네임밸류가 있다면, 다음 매수자를 쉽게 찾을 가능성이 크다. 대한민국 사람이라면 누구나 강남구 등기필증을 소유하고 싶은 마음이 있기 때문이다. 마찬가지로 임차인들도 강남에 한 번쯤은 거주하고 싶은 마음이 있을 수 있다. 그러한 가치들이 프리미엄 형태로 매매가에 녹아 있기 때문에 수익률이 낮을 수밖에 없다.

가장 높은 수익률을 보이는 곳은 지방에 있는 연식이 오래된 오피스텔일 것이다. 지방에는 8%의 수익률을 보이는 오피스텔들도 허다한데, 어떠한가? 투자할 마음이 생기는가? 임차인을 구하지 못할 위험성과 연식이 낡아가도 다음 매수자를 영원히 찾지 못할 우려가 있다. 보유하고 있는 동안 오히려 수익률이 올라갈 수도 있다. 건축물 감가로 인해 매매가가 떨어지고, 월세가 그대로면 수익률도 덩달아 올라가기 때문이다. 감히 매수할 용기가 생기는가? 내 황금 같은 투자금이 그런 곳에 물렸다고 상상만 해도 아찔하다. 그래서 수익률만 보고 투자를 결정해서는 절대, 절대 안 된다.

다음 자료는 강남구에 있는 역삼역 센트럴푸르지오시티(전용 17㎡)와 대림역 인근에 있는 비즈트위트그린 오피스텔의 수익률을 비교한 것이다(두 오피스텔 모두 훌륭한 입지에 좋은 오피스텔이다. 오해 없길 바란다).

역삼역 센트럴푸르지오시티와 대림역 비즈트위트그린 수익률 비교

2022년 6월 기준	매매가	월세	수익률
역삼역 센트럴푸르지오시티 17㎡	2억 3,000만 원	1,000만 원/80만 원	4.36%
대림역 비즈트위트그린 18㎡	1억 1,500만 원	500만 원/50만 원	5.45%

대림역 비즈트위트그린이 수익률이 1%p 이상 높으므로 이성적으로 투자하는 게 맞을까? 머리가 아니라 가슴으로 생각을 한다면 역삼역 센트럴푸르지오시티가 더 사고 싶을 것이다. 강남 신축이라는 믿음, 공실이 나지 않을 것만 같은 느낌, 강남 부동산을 소유하고 싶은 욕구가 있기 때문이다. 그러한 가치들이 매매가에 녹아들어가 수익률을 떨어뜨린다. 하지만 그런 부동산에 투자해야 월세 같은 푼돈이 아니라 큰 시세차익을 만질 수 있다.

내용을 요약하자면, 상가든 오피스텔이든 입지가 안 좋을수록 수익률이 올라가고, 상품이 안 좋을수록 수익률이 올라간다. 그러므로 수익률은 매수를 결정할 때 마지막으로 검토하는 정도로만 봐야지, 매수의 중요한 결정 요인으로 작용해서는 안 된다. 기억하라! 월세 10만 원보다 중요한 것은 환금성이고 시세차익이다.

복층, 하이엔드, 지방 오피스텔은 어떨까요?

오피스텔도 다 같은 오피스텔이 아니다. 몇 년 전에는 '복층 오피스텔'이 젊은 세대들의 로망일 때가 있었다. 또 요즘에는 '하이엔드 오피스텔'이라는 상품이 나와서 유명 여배우를 앞세워서 마케팅한다. 그리고 많이 들어오는 질문이 "지방 오피스텔은 어떻게 보세요?"다. 이 3가지를 묶어서 한 지면에 구성한 이유는 필자가 모두 같은 이유로 부정적이기 때문이다. 그 이유는 총매매가에서 토지보다 건축비가 차지하는 비중이 크기 때문에, 건물이 감가 상각된다면 매매가를 지탱해줄 힘이 부족하다.

경매 정보지를 읽다 보면 감정평가서를 읽게 된다. 공인중개사자격시험에도 감정평가 부분이 나오는데, 부동산은 일반적으로 토지+건축물로 감정을 하게 된다. 토지는 유한하고 화폐량은 매년 늘어나기 때문에 지가는 항상 오른다. 건축물은 매년 낡아가고, 30년 정도 지나면 땅값만 남는다. 그래서 오피스텔이 아무리 하락세가 심해도 일정 가격 밑으로는 절대 떨어지지 않고, 하방 지지선이 있는 이유는 그래도 상업지 땅 1평, 준공업지대 2평 정도의 토지 지분을 갖고 있기 때문이다. 오피스텔 투자의 핵심 요소는 아니지만, 그래도 한 번 토지 지분과 토지 가격으로 저평가, 고평가 여부를 체크할 필요는 있다.

그런데 하이엔드 오피스텔들의 분양가를 보면, 상당 부분이 건축비의 비중이 크다는 것을 알 수 있다. 최근에 강남역 인근에 분양 중인 모 하이엔드 오피스텔은 전용 16.5평에 분양가가 19억 원이다. 대지지분은 2.42평 정도 되므로 체감상 분양가의 많은 부분이 건축비인 것 같다 (인근 전용 7평 오피스텔은 3억 2,000만 원대다). 그래서 첫 번째 문제는 건축물이 낡아감에 따라 대지지분이 너무 적어 오히려 감가상각 되는 액수가 더 커서 매매가가 떨어질 수 있다. 두 번째 문제는 전용 16.5평에 분양가 19억 원이라면, 소형 아파트도 살 수 있는 금액이기 때문에 매수자를 찾기 어려울 수도 있다. 그리고 임차인들 입장에서도 똑같은 전월세 시세라면 오피스텔보다는 아파트를 택할 확률이 높아, 임대수익률이 낮을 수도 있다. 19억 원의 분양가로 임대수익률 3%를 내려면 월세 475만 원을 지불할 세입자를 찾아야 하는데, 그럴 세입자가 이 하이엔드 오피스텔을 선택할 이유가 있는지 생각해볼 문제다.

복층 오피스텔도 분명히 오를 것이다. 다만, 실평수가 아닌 건축물대장상 '전용면적'이 적다 보니 대지지분도 필연적으로 적다. 하이엔드 오피스텔처럼 무지막지하게 비싼 것은 아니다. 그래도 매매가에서 토지가 차지하는 비중이 같은 면적 단층 오피스텔보다 상대적으로 적기 때문에 추천하지 않는다. 용산구 문배동에 '용산큐브'라는 복층 오피스텔이 있다. 층고도 3.3m고, 복층을 포함해 실사용면적은 24㎡다. 그러나 건축물대장상 전용면적은 17.46㎡로, 단층 24㎡ 오피스텔보다 대지지분이 27% 정도 부족하다. 하이엔드 오피스텔만큼은 아니겠지만, 총매매가에서 대지지분이 차지하는 부분이 적을 것이다.

그리고 필자가 개인적으로 복층 오피스텔을 선호하지 않는데, 지금 2층 단독주택에 살면서 느낀 불편한 점이 있다. 2층에서 잠을 자다가 목이 마르면 주방까지 내려가기 힘들고, 무릎도 아프고, 몇 번 넘어져서 계단에 주저앉은 적도 있다. 개인적인 선호는 그렇다 치더라도, 개성이 강한 상품은 매도가 어려울까 봐 투자를 망설이게 만든다 (필자는 매도가 가장 중요하다고 보기 때문에 더욱 그렇다). 그러나 잠깐 살다가는 젊은 임차인들에게는 오히려 인기가 높다. 층고가 높아 개방감도 좋고, 인스타그램 감성 사진을 찍기에도 좋다. 계단 밑 공간은 수납공간으로도 활용하기도 좋다. 그래서 전세보증금을 잘 받을 수 있고, 복층 오피스텔도 결국에는 같이 오르기 때문에 투자 수익률 관점에서 나쁘지 않다. 다만, 복층 오피스텔이 지닌 리스크를 알고 투자하는 것이 좋다.

대전, 대구, 부산, 광주광역시 같은 지방 오피스텔도 비슷한 맥락이다. 전체 매매가에서 토지보다 건축비가 차지하는 비중이 크다는 이유로 아직은 시기가 아니라고 생각한다. 그러면 거꾸로 지방 광역시의 토지 가격이 서울의 상승한 비율만큼 상승한다면, 승산이 있다. 그러나 아직은 그 정도로 토지 가격이 오르지 않았기 때문에 더 기다리라고 말하고 싶다.

　대전은 오피스텔 수익률이 8%가 나올 정도로 높은데, 이는 월세는 조금씩 오르는데, 매매가는 계속 떨어지기 때문에 그렇다. 매매가가 떨어지는 이유는 건축물의 감가상각이 된 금액이 토지의 상승분보다 크기 때문이라고 생각한다. 따라서, 토지의 상승분이 훨씬 앞설 때가 투자 적기다. 지금은 다음 그래프처럼 매매가와 전세가가 바짝 붙어 있지만, 매매가가 상승을 이룰 시기는 2024년 정도로 보고 있다.

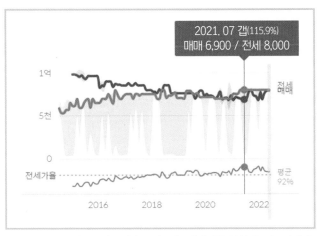

대전 봉명동 유성푸르지오시티 오피스텔 : 매매가를 한참 웃도는 전세가

매도는 언제 해야 할까요?
언제까지 오를까요?

오피스텔 30여 채를 매입했다고 하면 많이 듣는 질문이 "언제 파실 거예요? 양도세 중과는 어떻게 하시고요?"다. 오피스텔은 잘 안 팔린다는 이야기가 있어 걱정하는 질문이기도 한 것 같다. 결론부터 이야기하면 2024년부터 2026년 사이에 순차적으로 매도할 계획이다. 물론 그전에 양도소득세 중과가 없어진다는 전제가 깔려 있다. 역사는 반복된다. 필자는 수도권 아파트가 하락장이 오면, 양도소득세 중과는 자연스럽게 없어질 것이라고 믿는다. 그리고 양도소득세는 연도별 누진세율이고, 사람별로 나누어져 있으므로 배우자와 자녀 명의로 구매한 오피스텔을 2024, 2025, 2026년으로 연도를 나누어 매도할 생각을 하고 있다.

원룸 오피스텔은 언제까지 오를까? 필자는 2025년까지로 보고 있다. 이렇게 생각하는 첫 번째 근거는 지난 서울 아파트 하락장이 3년 정도였고, 그때 오피스텔 상승장도 3년 정도였기 때문이다. 아파트와 오피스텔은 역의 상관관계가 있다는 것을 기억하라. 두 번째 근거는 취득세 중과 때문이다. 유튜버 '경장인(경매하는 직장인)' 님이 인터뷰에서 "오피스텔이 주목을 받는 것을 취득세 규제로 인한 반사효과이므로, 취득세 중과가 사라지게 되면 오피스텔 투자 가치가 줄어든다"라고 했는데, 이도 상당히 합리적인 이야기다. 다주택자 취득세 12% 중과 규제는 지방세법에 명시되어 있고, 이 법령을 수정하려면 국회의 동의가 필요하다. 현재 국회의원의 임기가 2024년 5월 29일까지인 것을 봤을 때, 오피스텔이 반사효과를 누릴 수 있는 것은 2년 남짓이다.

3년 정도로 보는 또 다른 이유는 오피스텔을 공급하는 데 걸리는 시간이 약 2년 정도기 때문이다. 현재는 오피스텔 분양권 전매제한(99실 이하만 가능) 규제 때문에 원룸 오피스텔을 잘 짓지 않는다. 원룸 2실보다 투룸 1실을 짓는 게 전매가 가능한 세대수기도 하고, 분양성적도 훨씬 좋다. 그러나 원룸 오피스텔도 상승세를 타서 분양이 잘된다면, 시행사에서 안 지을 이유가 없다. 일반적으로 오피스텔은 건축 기간이 2년 내외이므로 2023년에 원룸 오피스텔 붐이 일어난다면, 분양해서 입주하는 시기는 2년 뒤인 2025년에 한꺼번에 입주 물량이 쏟아질 가능성도 있다.

필자와는 반대로 '엑시트 전략이 없다'라는 투자자도 많았다. 그들은 지금 월세 수익률이 4~5%일 때 구매해놓고, 월세 시세도 천천히 오르게 된다면, 전세를 월세로 전환해 월세 수익을 올릴 계획이라고 한다. 개인적으로 이렇게 엉덩이가 무거운 투자자가 가장 무서운 투자자라고 생각한다. 예를 들어 매입가 2억 원/전세 1억 9,000만 원인 투자 세팅이 2년 뒤에 50%가 올라서 매매가 3억 원이 되었다고 가정하자. 금리 4%의 오피스텔 담보대출을 받아 전세보증금 1억 8,000만 원을 내어주고, 보증금 1,000만 원/월 80만 원의 월세로 전환한다면 내 투자금은 모두 회수되고, 월 80만 원의 수익에서 이자 60만 원을 제하면 순수익 월 20만 원이 남는다. 고작 20만 원이라고 생각할 수 있지만, 30여 채라면 600만 원이 넘는다. 더 무서운 것은 투자금이 모두 회수되어 들어간 돈이 없고, 실제로는 월세 시세도 무섭게 상승 중이기 때문에 월세 수익이 더 클 것이라고 본다.

- 매매 2억 원/전세 1억 9,000만 원에 갭 투자 매입
- 매매 3억 원 → 금리4%의 대출로 전세보증금 1억 9,000만 원 반환
- 월세 1,000만 원/80만 원으로 전환하면 이자를 제하고 월 20만 원 순수익
- 30채 × 20만 원 = 600만 원

　장기 투자자가 월세 수익만 바라보고 장기보유하는 것은 아니다. 서울 노른자 알짜배기 땅의 지분을 갖고 있다는 자부심과 재건축될지도 모른다는 미래를 보고 장기보유를 하는 것이다. "오피스텔도 재건축할 수 있어?"라고 묻는다면 강남역 아크로텔이 대표적인 사례다. 이 오피스텔은 1988년식 현대골든텔을 재건축해 2016년에 준공했다. 오피스텔도 재건축될 수 있다는 좋은 선례를 남겨주었다.
　최근 개정된 건축법에 따르면, 기존에는 오피스텔 같은 일반건축물

은 재건축하려면 소유주 모두의 100% 동의가 필요했다. 그런데 이제는 소유주의 80%만 동의해도 재건축이 가능해졌다. 오피스텔 1, 2층 상가의 권리금 때문에 100% 동의가 힘들었는데, 이제는 소수가 반대해도 재건축 가능성이 있기 때문에 월세를 받으며 장기보유하는 투자 전략도 훌륭하다.

도시 정비사업에 포함된 방배오피스텔

모아타운 또는 가로주택정비사업을 추진한다면, 오피스텔도 '아파트 재개발' 사업지에 포함될 수도 있다. 서초구 방배동 977, 978, 980번지의 구역을 묶어서 하나의 아파트 단지로 탈바꿈하는 정비사업이 진행되고 있다. 방배동 980번지 구역에 1988년에 준공된 방배오피스텔이 포함되어 정비사업이 진행되고 있다. 땅이 부족한 서울에서는 오피스텔이 아파트로 변신하거나 신축 오피스텔로 탈바꿈하는 것이 불가능한 이야기가 아니라는 것이나. 월세 수익이 있다면, 이렇게 변신할 때까지 장기보유하면서 버티는 것이 가능하다.

투자 사례 :
안 팔고 싶은 청계천두산위브더제니스 오피스텔

청계천두산위브더제니스는 엄밀히 말해서 원룸 오피스텔이라고 하기에는 면적이 넓은 편에 속한다. 일반적으로 서울 원룸 오피스텔이 전용 20㎡가 보편적이지만, 청계천두산위브더제니스의 주력 평형은 전용 46.73㎡로, 중간에 가벽이 있는 1.5룸과 같은 형태다. 그런데도 필자에게는 가장 성공적인 오피스텔 투자여서 투자 사례로 실었다. 먼저 주변 입지를 살펴보자.

청계천두산위브더제니스 주변 입지

필자는 항상 서울 지하철 2, 9호선 역세권과 직주근접이 오피스텔의 핵심 요소라고 이야기하면서 부수적으로 세대수, 브랜드, 연식까지 함께 볼 것을 강조한다. 청계천두산위브더제니스는 2, 6호선 환승역인 신당역과 동대문 의류상가 도매상이 있는 곳 건너편에 위치한다. 이곳의 최대 장점은 의류 도매상이 붙어 있어서 주거 수요뿐만 아니라 사무실 임차 수요도 풍부하다는 것이다. 중구 내 2호선이라 직주근접도 훌륭한데, 오피스 자체 수요도 풍부하다. 임차 수요가 아주 많아, 월세 수익률 자체도 1.5룸 치고 매우 높은 편이다.

주로 도매상가에서 새벽에 옷을 사서 오피스텔로 갖고 오고, 오피스텔 내에서 의류 인터넷 쇼핑몰을 운영하는 사업체가 많다. 그러다 보니 호갱노노 후기를 보면, 복도에 옷을 담은 박스들이 잔뜩 쌓여 있다는 이야기들이 많다. 도매상가와 물리적인 거리도 가깝고, 입주자에게는 자주식 주차 1대가 무료이니, 주차가 복잡한 구도심에서는 희소한 사무실일 것이다. 게다가 신당역 출구가 건물 지하 내부에 들어가 있어 치안도 좋고, 직원들 출퇴근도 편리해 직원 채용도 수월할 것이다.

사무실 관점에서도 훌륭하지만, 서울 중구 한복판에 600세대가 넘고, 두산위브 브랜드, 2014년식, 자주식 주차라는 점을 감안하면 1인 가구가 거주하기에도 훌륭하다(필자 생각에는 두산건설이 지은 주상복합은 모두 명품이다).

필자는 딱 한 채만 매수했는데, 이것만 20채를 샀으면 좋았을 것이라는 후회가 든다. 필자가 매수했던 오피스텔의 임차인은 신혼부부로, 실거주 목적으로 사용했다. 이곳을 매매할 때 주의할 점은 매도자가 법인/사업자인 경우에는 매수인이 별도로 부가세를 지급해야 할 수도 있으므로 일반임대사업자 승계 여부를 잘 따져봐야 한다.

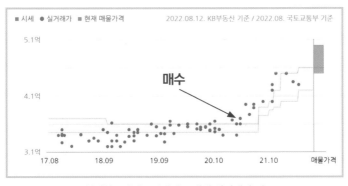

청계천두산위브더제니스 매매 실거래 추이

　매매 실거래가 그래프를 보면, 필자는 2021년 4월경 매수했으니 거의 막차를 탔다고 볼 수 있다. 매수가격은 3억 7,000만 원이지만, 현재는 4억 8,000만 원에서 5억 원을 호가하니 20채를 샀어야 한다. 굳이 실거래가 그래프를 실은 이유는 자랑하려는 목적보다는 '오피스텔은 안 오른다'라는 편견을 깨기 위해서다. 청계천두산위브더제니스 오피스텔의 작은 평형을 사고 싶어 대기하다가 매물이 나오지 않아서 지쳐서 충무아트센터 옆에 있는 동대문와이즈캐슬 오피스텔을 샀다. 청계천두산위브더제니스만큼 올라줄지는 모르지만, 적어도 작은 평형의 주거 수요는 만족시킬 수 있다고 보고 갭 메우기를 기대하며 매수했다.

　현재 임차인이 2022년 12월에 나갈 예정이고, 60~70% 정도 금리 4.5%의 대출을 받아 3억 1,500만 원의 보증금을 내어주고, 1,000만 원/145만 원에 새롭게 월세를 놓는다고 가정해보자. 월 118만 원 정도의 이자를 내고 27만 원의 순수익이 발생한다. 1채라면 우습지만 20채라면 540만 원이 넘어간다. 현재 기준이 이렇고 월세 시세는 계속 오르고 있다. 정말 20채를 샀어야 한다.

112　오피스텔 투자 바이블

청계천두산위브더제니스	매수가격	전세 세팅
전용 46m²	2021년 4월 3억 7,000만 원	3억 1,500만 원 (계약갱신청구권)
2022년 8월 매매가	2022년 8월 월세 시세	
4억 8,000만 원	1,000만 원/145만 원	

오피스텔이 잠잠하던 시기에 매수했던 물건이지만, 마지막까지 가장 팔고 싶지 않은 보물 같은 오피스텔이다. 모든 점이 완벽하기도 하고 월세 임차수요도 풍부해 수익률도 좋아 월세를 받고 싶기 때문이다. 하락장에는 좋은 물건도 골라가면서 싸게 살 수 있어 좋은 수익률을 낼 수 있다는 것을 보여주는 투자 사례다.

오피스텔 투자 체크리스트　　　　　　　　　　　　　출처 : 유튜브 사다리TV

구분	하	중	상
환금성			
세대수	200세대 이하	500세대	700세대 이상
건설사 브랜드	브랜드 X	중소기업	대기업
신축	12년 이내	8년 이내	4년 이내
향	북향	동, 서향	남
뷰	벽 뷰	꽉 막히지 않은 뷰	탁 트인 영구 뷰
층수	4층 이하	중층	10층 이상 고층
공실률 = 수익률			
역세권	500m	350m	100m
서울 지하철 호선	그 외	5, 7호선	2, 9, 신분당
30분 내 도달 가능한 직장	그 외	마곡, 구디/가디	강남, 판교, 여의도, 시청
대로변 접합	8m 도로	왕복 2차선	왕복 3차선 이상
호갱노노 총평	악평	반반	호평
난방방식	전기난방	중앙난방	도시가스 개별난방
전용면적	17㎡ 이하	20㎡ 내외	24㎡ 이상
주변 상권	상권 없음	맛집	+ 스타벅스, 올리브영
투자 용이성			
갭	1,000만 원 갭 이상	1,000만 원 갭 이내	무갭, 플러스피
주변 전세 매물 개수	매매 매물보다 많음	매매 매물의 절반	5개 미만
중기청, LH전세대출 가능 금액	불가능	시중은행만 가능	모든 대출 가능
보증보험 가능 여부	불가능	-	가능
KB시세 유무	없음	-	있음
지역 프리미엄(강남)	그 외	송파, 영등포	강남, 서초
사업자 유무	주택임대사업자	일반임대사업자	사업자 없음
전세 만기	월세	전세 안고	임대차 만기 후 신규
기타			
전기/가스 포함 관리비	13만 원 초과	10만 원 내외	9만 원 이하
관리성실도	관리 안 됨	보통	성실
경비원 상주	없음	주간	24시
주차방식	주차불가	기계식	자주식
주차대수	그 이하	세대당 0.5~1.0대	세대당 1.0대 이상
엘리베이터 쾌적성	불만	보통	쾌적

Part 4.

오피스텔
지역분석

전 국민이
좋아하는 강남

강남역은 대한민국 사람이라면 굳이 설명할 필요가 없는 곳이다. 대부분의 광역버스가 정차하고, 신분당선, 2호선, 9호선이 있는 교통요지다. 그러다 보니 자연스럽게 지인들과 만나기 좋은 장소가 되어 상권도 함께 발달했다. 병원, 미용, 교육, 쇼핑, 요식업, 유흥도 함께 발달했고, 수요층도 전국구인 곳이다. 자연스레 강남 내 출퇴근하는 직장인들의 수요층도 많고, 서초 삼성타운으로 자체 일자리도 많다. 강남역 신분당선에서 판교역까지 13분, 정자역 17분밖에 걸리지 않으니 직주근접만으로 봤을 때도 훌륭하다.

강남역도 강남역 사거리를 기준으로 네 방향의 분위기가 모두 다르다. 남북을 가로지르는 강남대로 기준으로 행정구역상 동쪽은 강남구, 서쪽은 서초구다. 강남대로 북서쪽은 아파트, 학교, 교보타워 등으로 분위기가 비교적 주거지라는 느낌이 든다. 강남역 북동쪽(ABC마트 인근)은 작은 빌딩들 사이사이로 카페, 음식점, 술집이 다양하게 혼재되어 있고, 이쪽은 오피스텔이 많지 않다. 강남역 남동쪽에는 서초세무서부터 시작해서 테헤란로 방면으로 많은 업무 빌딩이 있고, 일자리가 많다. 강남역의 남서쪽은 서초 삼성타운이 자리 잡아 대기업 직장인들의 수요층이 많다.

필자는 주거용 오피스텔은 너무 번화한 곳은 오히려 주거에 부적합하다고 생각하기 때문에, 강남역에서 오피스텔을 고른다면 교보타워 인근, 삼성타운 인근, 서초세무서 인근이 괜찮다고 봤다. 여성 임차인에게 상권보다도 중요한 것은 치안이기 때문이다. 그래서 다음 지도에 표시한 오피스텔을 주요 투자 대상으로 삼았다.

강남역 인근 오피스텔 단지 입지

먼저, 교보타워 인근에는 강남역아이파크 1차와 현대썬앤빌강남더인피닛 오피스텔이 눈에 들어온다. 강남역아이파크 1차 오피스텔은 연식은 2013년식이지만 임차 수요가 많은 곳이다. 매매가는 2억 9,000만 원에서 3억 2,500만 원으로 다양하다. 그 이유는 어느 쪽을 바라보는 향이냐에 따라서 가격이 많이 달라지기 때문이다. 북쪽으로는 호텔이 꽉 막고 있어서 훨씬 저렴하고, 남쪽으로는 15m 도로가 있어서 뷰나 채광 면에서 훨씬 유리하다. 강남역아이파크 2차가 맞은편에 있는데, 남쪽으로 건물에 꽉 가로막힌 점, 바닥난방이 도시가스가 아닌 전기난방인 점, 비싼 관리비 때문에 강남역아이파크 1차가 압도적으로 우위에 있다. 전세 시세는 전용 29㎡를 기준으로 2억 9,000만 원까지 실거래되었으나, 실제로는 2,000만 원 정도의 갭을 생각하는 것이 좋다. 인근 현대썬앤빌강남더인피닛은 2018년식으로 비교적 신축이지만, 전용 18㎡로 작은 편이다. 강남역아이파크 1차는 자주식 주차지만, 현대썬앤빌강남더인피닛은 기계식 주차라는 단점이 있다. 여러모로 강남역아이파크 1차가 모든 장점을 다 갖췄다.

강남역 1번 출구 인근에는 강남역센트럴푸르지오시티와 효성해링턴이 대표적이다. 강남역센트럴푸르지오시티는 2015년식에 728세대로 주차공간도 굉장히 여유롭다. 전용 24㎡ 내외로 면적도 적당하다. 매매

강남역 일대 오피스텔 비교

위치	오피스텔
교보타워 인근	강남역아이파크 1차 : 2013년, 자주식 주차, 도시가스, 남향 채광, 현대썬앤빌강남더인피닛 : 2018년, 기계식 주차, 좁은 면적
강남역 1번 출구	강남역센트럴푸르지오시티 : 2015년, 자주식 주차, 투자 많음

가는 3억 2,000만 원이나 오름 추세이고, 전세가는 2억 7,500만 원 정도이니 이미 갭이 꽤 벌어졌다. 그러나 필자는 차라리 강남역아이파크 1차 투자를 권하고 싶다. 이유는 전세 매물이 정말 많기 때문이다. 갭 투자자가 매수하면 매매 물건이 1개가 사라지고, 전세 매물이 1개가 나온다. 결국, 전세 매물끼리 경쟁을 하게 된다. 전세 임차인을 구하지 못하면 호가를 낮춰서 투자금이 더 들거나, 최악의 경우 계약금을 포기해야 할 수도 있다. 더 큰 문제는 이렇게 경쟁한 투자자들이 2년, 3년 뒤에 매도할 시점이 다가오면 또 함께 매도 경쟁을 해야 한다(아마 전세 만기에 맞춰서 팔 것이다). 매물이 1개도 없다면 내 물건이 먼저 나가겠지만, 매수자들이 고를 수 있다면 바로 팔리기가 힘들 것이다. 환금성이 떨어지는 부동산은 투자에 적합하지 않다.

강남역 오피스텔의 최대 장점은 입지 대비 너무 싸다는 것이다. 대한민국 1등 입지의 대지지분을 3억 원 내외로 매수할 수 있는 것은 오피스텔이 유일하다. 투자금 2,000만 원과 취득세만으로 강남역에 땅 1평의 지분을 가질 수 있다는 것은 지방 투자자들에게 매력적으로 느껴져 상경 러시를 하게 만든다. 실제로 많은 지방 부호들은 서울에 부동산을 사두고 싶어 하는데, 안전한 자산이라는 믿음도 있고, 자녀들이 지방에 올라갔을 때 거주할 공간을 미리 사두고 싶어 하는 마음도 있다. 강남역은 그런 수요를 받아들이기에 최적의 투자처다.

교통과 일자리,
영등포와 여의도

영등포구는 준공업지대가 많아서 필연적으로 작거나 큰 오피스텔들이 참 많은 자치구다. 여의도 금융가(YBD)라는 서울 3대 업무지구 핵심 일자리 지역이기 때문에 주거지 수요도 상당하다. 일자리 수요가 아니더라도 당산역에서 지하철 2, 9호선을 타고 강남까지 빠르게 접근할 수 있기 때문에 강남 일자리 접근성도 우수하다. 전통적으로 영등포역이 있고, 1, 2, 5, 9호선, 신림선, 신안산선(개통예정)이 지나가는 교통의 요지인 곳이다.

당산역 해링턴타워 투자 사례에도 적었듯이, 당산역은 2호선, 9호선이 교차하는 오피스텔 핵심 지하철 노선이다. 당산역에 살고 있다면 약속장소를 어디에 잡아도 신경 쓰일 것 같지 않다. 당산역 인근은 모두 준공업지대이기 때문에 오피스텔들이 많지만, 필자가 제시하는 모든 조건에 부합하는 훌륭한 오피스텔이다. 자세한 내용은 당산역 해링턴타워 투자 사례를 참고하자.

영등포역, 여의도역 인근 오피스텔 입지

　여의도는 대부분 상업지역이고 국회와 증권가 업무용 건물이 있다. 의외로 투자할 만한 오피스텔이 많지 않은데, 신한여의도드림리버, 더하우스소호여의도 정도가 괜찮다. 신한여의도드림리버는 2019년식에 410세대 원룸 오피스텔 단지고, 남쪽과 북쪽 모두 넓은 도로를 물고 있기 때문에 채광이 유리하다. 여의도한강공원도 가까우니 산책할 곳도 많아 보인다. 아쉽게도 신한여의도드림리버는 매물이 없어서 매수하지 못했다. 더하우스소호여의도는 2017년식, 326세대 원룸 오피스텔 단지다. 국회 소음이 상당해서 남향, 동향보다 서향, 북향도 나쁘지 않다고 판단된다. 다만, 서향은 옆 건물에 꽉 막혀서, 필자는 하늘이 보이는 북향 고층을 매수했다. 여의도 오피스텔 투자 시 주의할 점은 국회 인근 시위로 인해 도로가 소음이 상당하고, 주말에는 오피스가 모두 닫기 때문에 주변 상권까지 모두 닫아버려서 오히려 거주에는 당산역이 더 나을 수도 있다는 평가도 있다.

영등포역 인근에 있는 영등포센트럴푸르지오시티는 2013년식 494세대의 여러 타입이 혼재된 오피스텔 단지다. 연식이 조금 되었지만, 타임스퀘어를 끼고 있다. 그동안 역세권이라고 하기에는 조금 멀었는데 신안산선 출입구가 영등포역과 타임스퀘어 사이에 개통된다면, 당당히 역세권이라고 말할 수 있을 것 같다. 더군다나 이 신안산선은 여의도도 닿고, 구로디지털단지도 갈 수 있으므로 임차 수요도 늘어날 것 같아서 투자 가치도 좋다. 또 한 가지 장점은 제일 작은 평형이 2억 원 초반대 가격인데, 전용면적이 29.75㎡로 넓은 점이다(필자는 전용 9평 원룸은 대궐이라고 부른다). 연식도 아주 오래되지 않은 브랜드 오피스텔이고 세대수도 많고 넓은데 금액까지 저렴하니, 임차 수요가 풍부하다. 동서남북 각각의 향이 있는데 남향이 앞이 탁 트여 있고 조용해 인기가 제일 좋다. 그만큼 더 비싸고 매물도 없다.

이 외에도 영등포구에는 영등포시장역에 포레나영등포센트럴이나, 신길역 여의도더리브스타일 같은 좋은 오피스텔들이 많다. 한 가지 조심해야 할 점은 영등포구 대부분이 준공업지대이다 보니, 신축 오피스텔들이 우후죽순 생기기 쉽다. 물론 요즘 오피스텔 분양가를 보면 입이 다물어지지 않지만, 주변에 신축 오피스텔 입주가 있다면 투자한 오피스텔의 임대차에 영향을 줄 수 있다. 따라서, 내 투자 시기에 신축 오피스텔 입주와 겹치지 않게 각별히 조심해서 투자해야 한다.

전통적인 업무지구,
서울시청

독자 여러분들은 우리나라 코스피 상장사 100대 기업이 가장 많이 위치한 지자체를 아는가? 1위가 서울특별시 중구다. 다음 자료를 보면 서울시청이 있는 중구와 종로구를 합쳐서 100대 기업 중 25개가 서울시청 인근에 있는 것을 알 수 있다.

지자체(개수)	상장사
서울시 중구(15)	CJ제일제당, SK스퀘어, SK텔레콤, 금호석유, 기업은행, 두산밥캣, 맥쿼리인프라, 미래에셋증권, 삼성카드, 신한지주, 쌍용C&E, 우리금융지주, 하나금융지주, 한진칼, 한화솔루션
경기도 성남시(12)	KT, NAVER, SK바이오사이언스, SK바이오팜, 삼성중공업, 엔씨소프트, 위메이드, 카카오, 카카오게임즈, 카카오뱅크, 카카오페이, 한국타이어앤테크놀로지
서울시 강남구(11)	DB손해보험, F&F, GS, HLB, 고려아연, 메리츠금융지주, 메리츠증권, 메리츠화재, 크래프톤, 현대글로비스, 현대모비스
서울시 종로구(10)	GS건설, HMM, LG생활건강, SK, SKC, SK아이이테크놀로지, SK이노베이션, 한국조선해양, 현대건설, 현대중공업지주
서울시 영등포구(8)	KB금융, LG, LG디스플레이, LG에너지솔루션, LG전자, LG화학, NH투자증권, 한국금융지주

다음은 부동산 지인에서 발췌한 서울과 경기 남부의 '법인사업체의 국민연금 가입자 수' 상위 7개 자치구의 '평균소득'을 나타낸 자료다.

지자체	국민연금 가입자 수	평균소득
강남구	652,000명	월 337만 원
서초구	373,000명	월 369만 원
중구	407,000명	월 375만 원
종로구	215,000명	월 376만 원
영등포구	418,000명	월 379만 원
송파구	260,000명	월 326만 원
성남시 분당구	229,000명	월 382만 원

법인사업체의 국민연금 가입자 수는 강남과 서초를 합쳤을 때 100만 명이 넘고, 종로와 중구를 합쳤을 때 62만 명이 넘는다. 그러나 종로구와 중구의 평균소득이 강남 서초보다 훨씬 높다는 점이 주목할 만하다. 눈치를 챘겠지만, 종로와 중구에는 대기업이 집중되어 있어, 일자리 수는 상대적으로 강남과 서초보다는 적어도, 고소득 연봉 근로자들이 훨씬 많다. 이 외에 영등포구는 일자리 수와 고소득자가 많고, 분당구에는 고소득자가 많다는 점이 눈에 띈다.

갑자기 이렇게 통계를 들이대는 이유는 강남보다 더 좋은 양질의 일자리가 있는 곳이 종로와 중구라는 점을 강조하기 위해서다. 앞의 통계에는 포함되어 있지 않은 서울시청 공무원과 각종 공공기관 근무자를 포함하면 더 많다. 그런데 정작 주거할 만한 곳은 마땅치 않다. 상업지역 내 많은 곳이 오피스 빌딩으로 줄지어 있기 때문에 투자용 오피스텔도 마땅치가 않다.

서울시청 오피스텔 입지

순화동 덕수궁 롯데캐슬은 2016년에 준공되었고, 주상복합 중 오피스텔 한 동이 별도로 떨어져 있다. 2호선 시청역과 약 300m 거리고, 5호선 서대문역도 약 350m 거리다. 둘의 환승역은 아니지만, 여의도와 서울시청 인근 일자리를 모두 아우를 수 있는 위치에 있다. 오피스텔 세대수는 198세대로 적어 보이지만, 아파트 296세대와 합치면 494세대다(만약 오피스텔을 200세대 이상으로 필터링을 걸면 놓쳤을 것이다. 주상복합은 이 점에 유의하자).

보통 오피스텔을 별도의 동으로 떼어놓으면 구석진 곳에 처박아(?)두는 경우가 허다한데, 덕수궁 롯데캐슬은 오피스텔 동도 예쁘게 배치했고, 오피스텔 뷰도 좋은 편이다. 또한, 전용 32㎡부터 전용 41㎡로 넓어서 1.5룸의 느낌이다.

충무로에 위치한 엘크로메트로시티 오피스텔은 2013년에 준공되었고, 213세대의 원룸 위주의 오피스텔이다. 중구는 역사가 오래되다 보니 길이 구불구불하거나 골목길이 많은데, 이 오피스텔은 충무로역 사거리 대로변에 있어 치안 걱정도 덜하다. 이 오피스텔이 대단한 매력이 있다기보다는 중구에 투자할 만한 오피스텔이 이것뿐이 없다. 역세권에, 200세대 정도 되고, 10년이 안 된, 대로변에 있는 브랜드 오피스텔이다. 이런 조건들을 '중구'에서 갖췄다는 것이 투자 포인트가 될 수 있다. 대기업에 다니는 사회초년생 입장에서 직주근접이 되는 오피스텔이 중구에서는 얼마 없기 때문이다.

20대 중소기업 직장인이 많은
구디, 가디

서울에 3대 업무지구 말고도 일자리가 많이 몰려 있는 곳이 있다. 서울디지털산업단지는 잘 모르지만, 구로공단, 구로디지털단지, 가산디지털단지라고 하면 한 번쯤을 들어봤을 것이다. 줄여서 구디, 가디라고도 불리는데, 부동산 지인 빅데이터 통계에 따르면 구로동, 가산동의 법인사업체는 11,500여 개, 국민연금 가입자 수는 약 213,000명, 평균소득은 약 308만 원에 이른다. 일자리의 양만 봤을 때 구로동과 가산동을 합친 수가 종로구와 맞먹는다는 점이 대단히 놀랍다. 실제 현장에 가보면 강남 테헤란로 못지않게 지식산업센터 빌딩이 숲을 이루고 있고, 그 안에 기업과 근로자들이 꽉꽉 들어찬 모습을 보면 감탄이 절로 나온다. 사업체들의 임차 수요도 풍부해 지식산업센터 투자자들의 성지이기도 하다.

구체적으로 어떤 업종이 입점해 있을까? 디지털단지 내에는 이름에 걸맞게 전체 근로자의 41.8%가 정보통신, 17.8%가 전자 관련 업종에 근무하고 있다. 롯데정보통신, 넷마블, 컴투스같이 한 번쯤 들어봤을 법한 굵직한 기업들노 입점해 있다. 잎서 비교힌 종로구외는 차이가 있는 점은 대기업 위주보다는 중소기업 위주로 입점해 있고, 서울시 전체 평균소득이 341만 원인 것을 감안하면, 직장의 수는 많지만, 평균 308만 원은 고소득 일자리는 아니라는 점도 눈여겨봐야 할 점이다. 재미있는 기사를 한번 읽어보자.

스타트업은 판교? 가디·구디·홍합밸리 뜬다

◇판교보다 스타트업 많은 '가디·구디'
수도권 주요 지역별로 살펴보면 테헤란밸리가 있는 강남(1,266업체)과 서초(565업체)에 스타트업 1,831곳이 몰려 가장 많다. 다음으로 많은 곳은 구로디지털단지와 가산디지털단지라 부르는 서울 디지털국가산업단지 권역에 1,388곳이 터를 잡았다. 셋째는 홍합밸리를 중심으로 한 마포·서대문구 권역이 452업체로 많아, 2000년대 후반 IT 벤처기업의 중심지로 통했던 판교(경기도 성남시·428업체)를 제쳤다.

◇강남 밖 싸고 일하기 좋은 곳을 찾아
스타트업들은 가산디지털단지·구로디지털단지를 택한 이유로 '저렴한 임대료'와 '제품 개발을 하기 좋은 환경'을 꼽았다. 가디에서 주차장 정산 장비와 소프트웨어를 개발하는 파킹고의 오대성 대표는 "가디는 시제품 제작을 의뢰할 수 있는 업체부터 부품 업체까지 협력업체가 많아 하드웨어 스타트업들이 오기 좋은 곳"이라며 "임대료도 강남·판교의 절반 수준"이라고 말했다.

임경업 기자, 〈조선비즈〉, 2019. 4. 2

판교는 순수 SW 관련 스타트업이 많고, 전자장비와 함께 개발해야 하는 스타트업이라고 할 수 있다. 전자, 하드웨어 중심의 기업들이 발달해 있는 구로, 가산디지털단지가 더 메리트가 있다. 게다가 강남보다 임대료가 훨씬 저렴하고, 서울 교통이 좋은 곳에 있으니 인재들을 직원으로 더 구하기 쉽다. 대기업 위주 종로와는 다르게 정보통신, 전자 관련 '중소기업'이 몰려 있다. 그러다 보니 거리를 돌아다녀 보면, 대부분 젊다는 것이 느껴진다. 젊은 직장인들은 자연스럽게 오피스텔의 주 수요층이 된다.

구로디지털단지역과 가산디지털단지역 오피스텔 입지

가산디지털단지역과 가장 가까운 램킨푸르지오시티는 2013년식, 270세대의 브랜드 오피스텔이다. 1, 7호선 환승역과 가까운 것도 좋지만 강점은 '경찰서를 품은 오피스텔'이라는 것이다. 여성들이 가장 중요시하는 것이 치안인데, 오피스텔이 주로 상업지에 있다 보니 유흥, 모텔촌 인근 거주는 비선호된다. 램킨푸르지오시티도 상권이 좋은 먹자골목 내 있지만, 경찰서가 바로 옆에 나란히 있기에 치안 걱정을 덜 수 있어서 좋다. 개인적으로는 서울 7호선, 전용 20㎡ 내외인데 1억 원 초반대 가격에 이만한 오피스텔을 또 찾을 수 있을까 싶다.

가산센트럴푸르지오시티는 역과의 거리가 멀어도 산업단지 내 있고, 약 1,500세대 대단지, 2020년식 신축, 브랜드 오피스텔이라 추천했다. 자세한 내용은 투자 사례에서 다뤘다.

구로디지털단지 내에는 아쉽게도 구축 오피스텔이 많고 투자할 만한 오피스텔이 드문데, 작은 다리를 건너서 위치한 G밸리소홈은 2018년식, 430세대에, 바로 앞에 2호선 지하철이 있고, 깔깔거리(먹자골목)와 산업단지와도 가깝다. 행정구역상 영등포구 대림동이어서 중국동포들이 많을 것 같지만, 실제로는 그렇지 않다. 인근에는 모두 아파트촌으로 이루어져 있어 주거환경도 우수하다. 아쉽게도 오피스텔은 6층 이하고, 7층 이상부터는 모두 공시가격 1억 원 초과 도시형생활주택이 자리 잡고 있어, 고층은 취득세와 종부세 부담이 있다. 그런데도 구로디지털단지 내에서는 보기 드문 신축 원룸이니 취득세 규제가 풀리면 가장 먼저 투자하고 싶은 단지이기도 하다. 가산동과는 다르게 2호선 역세권이기 때문에 강남 접근성도 좋은데, 2025년쯤 개통될 신안산선 구로디지털단지역은 여의도까지 닿기 때문에 더욱 업그레이드될 것으로 보인다.

고소득 SW 개발자가 넘치는
분당, 판교

판교테크노밸리에 좋은 IT 직장이 많다는 것은 누구나 다 아는 사실이다. 요즘 SW 개발자의 연봉은 계속 올라가고 있지만, 개발자를 구하기도 쉽지 않다. 필자는 판교가 한국의 실리콘밸리고, 제2의 강남만큼 좋아질 지역이라고 생각한다. 경부고속도로에 붙어 있기도 하고, 평지로 구성된 입지와 주거 쾌적성이 고급 일자리와 함께 발전할 것이기 때문이다. 이미 분당, 판교의 아파트 시세 상승률로 그 가치를 증명하고 있다. 우리나라도 2차 산업인 제조업 중심에서 3차 산업인 IT, 서비스, 관광, 문화 산업으로 넘어가는 시기에 있으니 누가 뭐래도 분당, 판교가 유망한 것은 부정할 수 없다. 정자역, 판교역을 주축으로 IT기업들이 대거 포진되어 있는데, 개발자들의 특징은 야근이 잦고, 그러다 보니 자연스레 나이대가 젊은 근무자들이 많다. 정자, 판교역의 고소득 20~30대 직장인은 오피스텔 VIP 임차인이다. 오피스텔 수요는 차고 넘친다.

빈 땅이 없는 정자역   판교역

공급 측면에서는 어떨까? 정자, 판교역의 입지를 봤을 때도 오피스텔 공급이 어렵다. 정자역은 이미 빈 땅이 거의 없고, 판교역도 오피스텔이 올라올 만한 부지가 많이 없다. 더군다나 상업지는 더 이상 확장이 불가능한 지형이다. 정자역 서쪽으로는 경부고속도로가, 우측으로는 탄천이 흐르고 그 외에는 주거지역이다. 판교역도 마찬가지로 녹지와 공원, 그리고 천으로 둘러싸여 있는 형태다. 그 외에는 백화점이나 사옥들로 가득 찼다. 필자는 토지 투자를 할 때 이런 형태를 좋아한다. 도로나 공원, 녹지, 하천 등으로 인해 인근에 신규 토지나 건물이 공급되기 어려운 형태라면 경제적 해자, 독점성을 갖고 있기 때문이다. 설령 신축 오피스텔이 생긴다고 해도 높아진 건축비에, 고분양가가 될 것이기 때문에 준신축이 차라리 경쟁력이 있다.

판교역에는 투자할 만한 오피스텔이 몇 개 없다. 그중에서도 판교역

푸르지오가 투자하기 가장 좋다. 237세대, 2014년식의 브랜드 오피스텔이다. 성남 센트럴푸르지오시티를 소개하면서 같이 비교하는 오피스텔인데, 이미 5,000만 원 이상 올라서 사실 투자하기에는 부담스러워지긴 했다. 하지만 전세가도 함께 올랐기 때문에 아직은 투자하기 유효한 것 같다(보다시피 오피스텔도 오른다. 편견을 깨자). 판교역의 장점은 신분당선이 도보로 가깝고, 급행열차를 타면 강남역이 엄청나게 가깝다는 점과 백화점이 함께 있어서 젊은 20, 30대 여성이 선호할 만한 조건들을 갖췄다는 점이 있다.

정자역에 가보면 뉴욕 월스트리트에 온 것 같은 착각이 든다. 빌딩 숲 사이에 조그마한 상권들이 아기자기 형성되어 있어 외국에 온 것 같은 기분이 든다. 20대 여성들이 좋아할 만한 브런치 가게, 카페, 레스토랑도 많다. 정자역 대장 오피스텔은 분당 두산위브파빌리온인데, 작은 평형과 아파텔이 혼재되어 있고, 일부 탄천 뷰 세대들은 인기가 좋다. 놀랍게도 두산위브파빌리온 오피스텔은 2005년식인데도 대장 오피스텔의 지위를 지키고 있다. 처음에는 의아했지만 직접 임장을 가보니 관리가 정말 잘되어 있어서 5성급 호텔에 온 것 같다는 기분이 들었다. 세대수도 1,500여 세대나 되고, 제일 작은 타입이 전용 37㎡라서 작은 편은 아니다. 2020년 여름 2억 8,000만 원 정도 하던 것이 2년 만에 4억 2,000만 원까지 실거래가 찍혔으니 이제는 사기 부담스러운 가격이다.

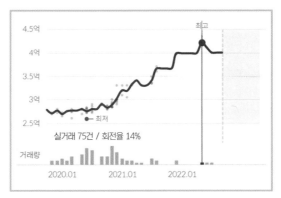

실거래 75건 / 회전율 14%

두산위브파빌리온

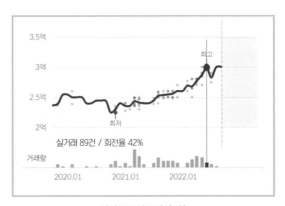

실거래 89건 / 회전율 42%

정자푸르지오시티2차

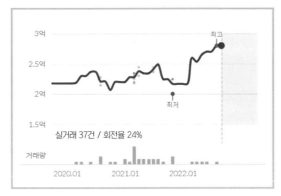

실거래 37건 / 회전율 24%

AK와이즈플레이스

이럴 때는 같은 지역 내에서도 단지별 갭 메우기를 한다. 아쉬운 대로 옆에 있는 오피스텔을 사면 된다. 정자역과 더 가까운 정자푸르지오시티 2차는 361세대, 2013년식 오피스텔이고 마찬가지로 상승세를 타고 있다. 그 옆에 정자역 AK와이즈플레이스도 506세대, 2015년식으로 추천할 만한 단지다. 다행히도(?) 아직 시세가 상승하지 않은 편이기에 앞으로 오를 여지가 크다. 필자도 최근에 경매로 입찰했지만, 경쟁이 치열해 패찰했던 오피스텔이다. 세 단지를 비교해보면, 파빌리온이나, 푸르지오시티는 상승세도 분명하고 거래량도 확실하게 많아졌지만, AK와이즈플레이스는 그 직전 단계인 것이 보인다. 저가매물이 모두 사라지면 아마 상승세가 펼쳐질 테니 같은 지역 내 2등, 3등 오피스텔을 매수해서 단지별 갭 메우기 상승장에 올라타자.

Part 5.

앞으로 오를
오피스텔 단지

새로운 지하철 출구가
생긴다면?

　필자의 투자 철학 중에 '확정되지 않은 호재 발표만으로 부동산 투자를 하지 않는다'가 있다. 'OO철도 예비타당성 통과'라던가 'OO 대기업 입주 예정' 등이 대표적이다. 착공이 되지 않은 호재는 언제든지 무산될 수 있다고 생각해야 한다.

　충남 계룡에 IKEA가 입점한다는 사실이 기정사실화되어 시행사에서 아파트와 상가를 분양했다. 하지만 착공까지 이뤄지지 않고, 시간만 지연되다가 결국 IKEA 입점은 취소되었다. 착공하고도 어느 정도 공사 진행 상황을 보고 진짜 호재로 보고 투자하는 편이다. 반면에 완공이 확실한 호재는 투자하는 편이다. 대표적으로 신림선이 개통되면서 신림역 삼모더프라임타워를 투자한 사례가 그렇다. 신림선 공사는 예전부터 잘 진행되었는데, 개통되자 이목이 쏠리고 호가가 다 같이 오른 것을 보면 확정된 호재는 잘 이용하면 도움이 된다.

호재를 이야기하는 이유는 영등포역에 있는 영등포센트럴푸르지오 시티 오피스텔(이하 영센푸)을 소개하기 위해서다. 영센푸는 세대수 494세 대에 2013년식 브랜드 오피스텔이다. 주변에는 타임스퀘어 쇼핑몰, 이 마트, 신세계와 롯데백화점 등이 있어 여성 임차인의 인기가 좋을 것 같 다. 게다가 외딴섬처럼 동서남북 모두 도로를 끼고 있어 어느 방향으로 든 시티 뷰가 나온다. 한 가지 치명적인 단점이 있는데, 영등포역과 너 무 멀다. 타임스퀘어를 돌아서 간다면 560m가 훌쩍 넘어가고, 횡단보 도도 2번이나 건넌다. 타임스퀘어를 지하로 관통해서 간다고 해도 450 m가 넘어서 도보 7분 거리다. 오피스텔은 역세권이 가장 중요한 조건 인데, 영센푸의 치명적인 단점이 아닐 수 없다.

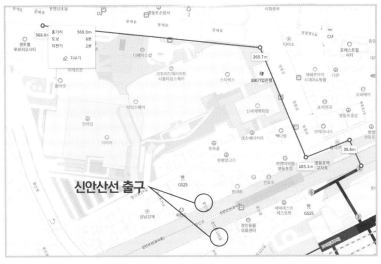

영등포센트럴푸르지오시티 오피스텔 입지

하지만 신안산선 개통이라는 확정된 호재가 있다. 신안산선은 2025 년 개통을 목표로 광명역, 구로디지털단지역을 거쳐서 여의도를 가는 핵심 일자리 노선이다. 광명역은 추후 월곶판교선도 개통예정이기 때문에, 영등포역에서 판교까지도 한 번만 갈아타고 갈 수 있게 된다. 주목할 점은, 신안산선 승차장이 영센푸 쪽으로 더 가까워진다는 것이다. 타임스퀘어를 가로지른다면 300여 미터(도보 5분)로 거리가 줄어들고, 실제 탑승하는 승차장도 훨씬 가까워지므로 이제 당당히 역세권이라고 말할 수 있겠다.

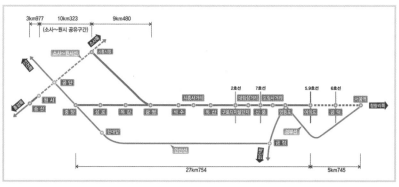

신안산선 노선도   출처 : 국토교통부

　신안산선이 개통되면 영센푸에서 강남을 제외하고 모든 곳을 출퇴근할 수 있게 된다. 1호선을 타고 종각, 서울시청을 가거나 신안산선을 타고 여의도, 구로디지털단지, 광명을 갈 수 있다. 광명역에 월곶판교선까지 개통된다면 환승해서 판교까지 출퇴근할 수 있는 환상적인 직주근접을 지닌 오피스텔이 된다. 단점이었던, 역과의 거리가 보완되는 점이 개선되면 시세가 오를 수밖에 없다.

철도 개통 과정

단계	가능성	소요기간
예비타당성조사	미확정	6개월
타당성조사 및 기본계획수립		12개월
기본계획 고시	계획이 확정됨	
기본 및 실시설계	가능성 높음(예산 배정)	24개월
실시설계 승인 및 고시		
건설공사 시행 및 준공	확정적	60개월

필자는 리스크를 줄이기 위해 투자금이 조금 더 들어가더라도 착공을 하고, 공사가 진행되는 것을 확실하게 보고 투자하는 편이다. 개통예정 철도에 관한 자세한 정보와 최신 정보는 미래철도 DB 사이트(http://frdb.wo.to)가 가장 신뢰도가 높으니 반드시 방문해보자.

대장이 오르면
따라 오른다

앞서 청계천두산위브더제니스(이하 청계천두산위브) 투자 사례에서 '동대문와이즈캐슬' 오피스텔을 잠깐 언급했다. 청계천두산위브 전용 46㎡ 오피스텔이 1억 원이 오르는 것을 보고 작은 원룸도 오르겠다 싶어서 네이버 부동산을 봤지만 나와 있는 매물이 없었다. 아쉬운 대로 인근 원룸 오피스텔을 살펴보다가 동대문와이즈캐슬(이하 와이즈캐슬) 오피스텔을 발견했다.

와이즈캐슬은 도시형생활주택 150세대, 오피스텔 138세대로 이뤄진 중소형 오피스텔이다. 애경그룹과 롯데건설이 지은 브랜드 오피스텔이고, 2014년 10월식으로 연식도 준수하다. 그 외 입지는 청계천두산위브와 마찬가지로 동대문 의류 도매상가 인근에 있다. 그러나 청계천두산위브와는 다르게 사무실로 쓰는 임차인은 많지 않다. 그 이유가 대부분 세대가 전용 20㎡ 내외라서 작은 편이기 때문이다. 그리고 치명적인 단점이 하나 있는데 자주식 주차는 불가하고 대부분 기계식 주차를 사

동대문와이즈캐슬 입지

용해야 한다. 필자의 자가용은 카니발인데, 이곳 기계식 주차장에 넣을 수 없었다. 의류 쇼핑몰 사장님들은 스타렉스를 운행하기도 하는데, 주차가 안 된다니 사무실 수요가 없을 만하다. 그러나 애초에 작은 평형의 1억 원 중반대 오피스텔이고, 신당역 초역세권이기 때문에 자기 차가 없는 중구, 종로 근무 대기업 직장인들에게는 괜찮으리라 판단하고 매수했다.

총 3채를 매수했는데 투자금이 거의 들지 않았다. 이유는 매매가가 1억 5,000만 원대인 저가 오피스텔이어서 각종 전세대출이 가능했기 때문이다. 역세권 1억 원 중반대 오피스텔은 정말 빛의 속도로 전세가 빨리 빠진다. 임차인을 받고 나서 보니 어느 정도 예상이 맞았던 점이, 중구 대기업에 다니는 사회초년생이 카카오뱅크 전세대출로 들어왔고, 또 다른 임차인도 대기업에 근무하는 젊은 여성 직장인이었다. 주거목적으로 봤을 때도 중구 2호선 역세권이기 때문에 이 정도 가격대라면 전세 수요가 정말 풍부했다. 왜냐하면, 중구에는 이만한 입지와 연식에 1억 원 중반대 오피스텔이 없기 때문이다.

이 오피스텔의 또 다른 강점은 주변에 오피스텔이 들어설 땅이 없다는 것이다. 황학동 쪽은 공급될 땅이 있지만, 신당동 의류 도매상 일대에는 오피스텔이 새로 공급되기 힘들다. 왜냐하면 이곳은 시행사 입장에서 상가가 더 돈이 되는 입지다. 도매상들의 상가 수요가 많으므로 굳이 오피스텔을 짓는 것보다 상가가 분양 가능성이 더 좋으므로, 앞으로 오피스텔이 들어오기 힘든 입지라고 생각한다.

한 가지 호재를 더 이야기하자면, 충무아트홀을 이전하고 중구청 신청사가 들어설 계획이다. 2023년 착공, 2026년 준공을 목표로 하고 있다. 충무아트홀이 이전하니 악재가 아니냐고 물을 수 있지만, 구청이 들어오는 것이 더 많은 주거/업무 수요를 불러일으킬 것이라고 생각한다. 수백 명의 공무원과 연관된 산업이 함께 옮겨온다면 호재가 분명하다. 하지만 호재가 실현될 것이라는 부푼 기대감에 투자를 결정하는 우를 범하지는 말자. 호재가 아니라 수요/공급에 의한 투자를 하자고 한 이유를 기억하는가? 아니나 다를까, 2022년 새로 선출된 중구청장의 "구청사 이전 원점 재검토"라는 인터뷰가 기사화되었다. 호재만 바라보고 투자하면 예상대로 되지 않을 수도 있다. 가장 큰 호재는 중구의 원룸 오피스텔 수요 대비 공급이 절대 부족한 것이다. 그러므로 중구청 신청사 호재는 실현되면 보너스라 생각하고 투자에 임하자.

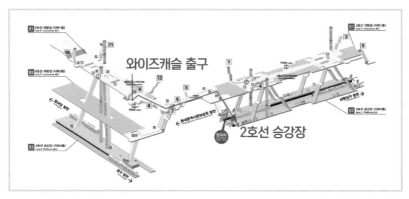

와이즈캐슬 출구

2호선 승강장

현위치

출처 : 서울교통공사

한 가지 간과했던 점은 단순히 신당역 출구만 생각했지, 실제 2호선 승차장까지 걸리는 거리까지 꼼꼼하게 살펴보지 못했다. 위 그림에서 좌측 살구색은 6호선 승차장, 우측 초록색은 2호선 승차장인데 와이즈 캐슬 앞 9번 출구에서 2호선 승차장까지 직선거리로 최소 200여 미터는 되어 보인다. 실제 매일 출근을 하는 직장인의 입장에서는 2호선과 더 가까운 출구 쪽이 좋은 입지일 수 있겠다는 점을 미처 생각하지 못했다. 이런 꼼꼼한 내용은 실제 역을 이용해본 구독자 중 한 분의 의견이었다. 그분의 의견을 듣고 나니 오히려 2호선에 가까운 '황학동 성동고교 사거리' 인근 오피스텔도 다시 살펴보게 되었다. 솔직히 임장을 잘하지 않고 로드뷰 등으로 손품을 많이 파는 편인데, 뚜벅이 임장을 갔더라면 더 좋은 오피스텔을 살 기회를 놓친 것 같아 아쉬웠다.

역발상 투자처

필자는 투자할 때 편견 없이 투자하고, 대중과 반대로 하는 역발상 투자를 하는 것이 중요하다고 생각한다. 그래야 남들보다 먼저 좋은 자산을 선점할 수 있기 때문이다. 이번 투자 사례는 오피스텔 단지 추천이라기보다는 역발상 투자 사례로 소개하려고 한다. 대림역이라고 하면 어떤 단어가 먼저 떠오르는가? 혹시 중국동포 거리가 먼저 생각나서 아예 투자 대상에서 제외하지는 않았는지 반성해보자.

만약에 당신이 구로구청, 구로경찰서에 신규 발령된 미혼의 20대 여성 공무원이라면 어디에 거주하겠는가? 혹은 3교대 근무를 하는 구로 고려대병원에 다니는 의사, 간호사라면 어디에 거주할 것인가? 구로 고려대병원은 3,000명이 넘는 근무 인원이 있고, 교대근무 특성상 가까운 곳에 거주해야 한다. 구로동에는 30년 이상 된 빨간 벽돌 다가구주택 천지라서 이런 곳들은 그들에게 고려 대상조차 되지 않는다. 그런 곳들은 이미 중국동포들만으로도 공실이 없다. 이 일대에는 구로구청 인근 상업지 내 오피스텔 외에는 한국인이 거주할 만한 곳이 없다. 구로구청 상업지 인근의 간판을 보면 대림역과는 다르게 중국어 간판이 많지 않고, 한국어 간판이 대부분이다. 오피스텔은 전월세 금액도 높기 때문에 조선족 임차인도 드물다. 역발상으로 한국인이 구로동에 반드시 살아야 한다면, 이곳 말고는 없기 때문에 독보적인 위치라고 생각했다.

구로구청 인근 오피스텔 입지

투자를 결정한 또 다른 이유는 아무도 투자하지 않는 청정구역이기 때문이다. 갭 투자를 한다고 부동산 공인중개사에게 말하니 눈이 휘둥그레진다. 매물을 팔아야 할 사람이 "이런 것은 왜 사는 거냐?"라고 도리어 반문한다. 그래서 전세가 정말 없고, 플러스피 투자도 쉽게 가능했다. 어차피 서울 시내 오피스텔 상승률은 비슷비슷하다. 투자금을 거의 들이지 않고 독보적인 위치에 오피스텔 투자를 할 수 있으니 투자를 안 할 이유가 없다. 솔직히 대림역 이미지 때문에 매도가 힘들 수도 있겠다고 생각도 했다. 하지만 투자금이 들어가지 않았기 때문에 아주 싸게 내놓거나 월세를 받으면 된다는 마음으로 편하게 투자했다.

대림역와이즈플레이스 오피스텔은 2012년식이고, 294세대다. 이 오피스텔을 선택한 이유는 300세대에 가까워 세대수가 적지 않았고, 애경에서 지은 브랜드 오피스텔이며, 연식은 10년 정도 되었지만, 내부가 화이트톤 인테리어라 낡아 보이지 않았다. 사실 가장 큰 이유는 전용면적 29.84㎡ 대비 1억 5,000만 원이라는 가격이 서울 2, 7호선 역세권에서는 볼 수 없는 가격으로 너무 저렴했다. 가격도 싼데 예쁘고 넓기까지 하니 호갱노노 평도 인근 오피스텔 중에서는 가장 경쟁력 있다는 의견이 많았다.

대림역와이즈플레이스 오피스텔 후기

전용면적 29㎡	호갱노노 평
	여러 오피스텔과 비교해봤는데 진짜 넓긴 넓고 깨끗하게 보안도 잘 관리되어 있어 좋아요. 네일샵부터 병원, 쇼핑할 곳 가깝고 맘 편히 가성비 좋게 지냅니다. 여기서 산 지 7년 됐어요! 혼자 살기에는 딱 좋은 거 같아요. 병원도 근처에 있고, 편의시설도 잘 갖춰져 있고, 보안도 꽤 잘되어 있습니다. 구로디지털쪽 접근성 좋고요. 깨끗한 대림이라 보시면 됩니다. 주거환경 괜찮고, 관리실이 24시라 편리합니다. 관리실도 잘되어 있고요. 주차장은 조금 불편할 수도 있습니다.

이 오피스텔은 2, 7호선이 교차하는 대림역에 있어서 구로, 가산디지털단지 출퇴근 수요까지 노려볼 수 있다. 그런데 아쉽게도 대림역과는 꽤 거리가 있다. 대로변을 통해서 가면 도보 10분 정도 걸리므로 초역세권이라고 보긴 어렵다. 다만, 실제 임차인들의 직업을 보면 대부분 고려대병원 근무 간호사였다. 그래서 지하철보다는 버스의 수요가 많을 것 같고, 버스정류장은 바로 앞에 있다. 또 한 가지 단점은 북향은 대로변이라 소음이 좀 있고, 남향은 타 오피스텔로 꽉 막혀 있다. 동향은 행복주택이 건설될 예정이고, 서향은 현재는 타이어 가게가 있지만, 언제든지 신축이 들어서면 꽉 막힌 벽 뷰가 될 수 있다는 점이다.

대림역이라고 무조건 제외했던 곳이 의외로 편한 투자가 될 수도 있다는 투자 사례다. 역발상으로 대중과는 반대로 행동하는 습관을 들이자.

지역별 갭 메우기,
구(舊)성남 위례

언제 오르고 내릴지 정확하게 예측하는 것은 어렵지만, 사실 어느 지역이 오를지는 눈에 뻔하다. 강남과 분당이 오르면 그 사이에 있는 구(舊)성남, 위례가 오른다. 부동산은 위계와 지역성이 있어서 상승세가 상급지에서 다음으로 퍼져나간다. 분당에 거주하고 싶은 수요자가 예산은 한정되어 있는데, 분당이 올라버리면 지하철 노선도를 따라서 인근 부동산을 찾아보는 것이 당연한 현상이다. 그래서 형님 격인 강남 3구와 분당이 오르면, 위례를 바닥에서 잡으면 따라 오른다. 굳이 1등 지역을 투자하지 않아도, 1등 쫓아다니는 2등을 투자해도 안전하게 투자할 수 있다. 오피스텔도 마찬가지인데, 강남과 정자, 판교 오피스텔이 올랐는데 위례가 아직 안 올랐다면, 위례 오피스텔에 투자하면 된다.

정자, 판교는 고소득 IT 일자리가 대거 포진된 곳이고, 지금도 SW 개발자 모시기에 급급해서 고액연봉을 제시하면서 모셔온다. 미국의 실리콘밸리도 그렇지만, 고액연봉자들이 모이게 되면 집값도 덩달아 오른

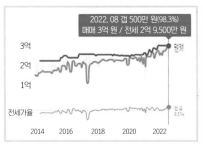

2022. 08 갭 500만 원(98.3%)
매매 3억 원 / 전세 2억 9,500만 원

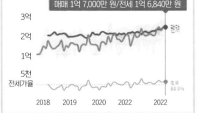

2022. 08 갭 160만 원(99.1%)
매매 1억 7,000만 원/전세 1억 6,840만 원

| 판교역 푸르지오시티 매매/전세 | 성남 센트럴푸르지오시티 |

다. 그래서 비슷한 면적의 판교역 푸르지오시티의 매매/전세가 추이를 보면 바닥 2년 만에 20%가 올라서 5,000만 원이 올라 3억 원이 되었다. 필자도 2년 전에 투자를 고민했는데, 이때 매매가 2억 5,000만 원, 갭이 1,000만 원 내외였으니 세전 수익률로 따지면 400%가 넘는다. 원룸 오 피스텔이 3억 원이 넘어가면 1인 가구에는 부담스러운 금액이 된다. 자연스럽게 눈을 지하철 노선을 따라서 위로 올리다 보면 구성남 위례가 눈에 들어온다.

성남센트럴푸르지오시티 입지

네이버 부동산에 '오피스텔, 300세대, 연식 10년 이내'로 필터를 걸면 앞의 지도처럼 2개 단지만 남는다. 성남 센트럴푸르지오시티는 1,255세대, 2017년식의 내단지 브랜드 오피스텔이다. 그 옆에 수진역 코아루천년가 오피스텔은 419세대, 2019년식 오피스텔이다. 연식이 2년 차이가 나더라도 필자 경험상 대단지에 투자하는 것이 옳은 투자다. 이유는 환금성이 훨씬 좋고, 자체적으로 상권과 입지를 형성하며, 오피스텔의 단점인 비싼 관리비가 저렴해지기 때문이다. 그래서 필자는 성남 센트럴푸르지오시티가 앞으로 오를 수밖에 없는, 투자하기 좋은 오피스텔이라고 봤다.

투자할 만한 첫 번째 요인은 지역성으로 인해서, 서울 송파와 판교 사이에 끼어 있는 구성남이기 때문이다. 송파와 판교가 오르면, 구성남도 시차를 두고 반드시 따라 오른다. 돈은 제일 좋은 곳에서 그다음 좋은 곳으로 퍼져나간다.

두 번째 요인은 절대 금액이 1억 7,000만 원대로 너무 저렴하고 전세보증금이 이미 매매가를 웃돈다. 금액대가 저렴한 오피스텔의 강점은 중기청 전세대출, 카카오뱅크 전세대출, LH 전세대출 등 저렴한 금리로 전세 수요도 많아서 투자하기 좋은 환경이다. 상승률도 중요하지만, 전세가가 받쳐줘서 갭을 줄일 수 있다면 투자 수익률도 급격히 올라간다.

한 가지 아쉬운 점은 분당선 노선과는 도보로는 불가능한 거리라는 것이다. 그러나 8호선 수진역과 버스정류장이 바로 앞에 있기 때문에 한 정거장 후에 환승하면 괜찮은 수준이라고 생각된다. 판교역에 3억 원에 전세를 살 것인가, 조금 멀더라도 거의 반값에 위례에서 전세를 살 것인가를 따져 보면, 출퇴근 시간이 조금 걸리더라도 위례를 선택하는 청년들이 많을 것이다. 모란역에는 적당한 상권과 유흥이 있어서 젊은 세대들이 거주하기에도 아쉬움이 없다.

서울의 마지막 신도시,
마곡지구

부동산 투자 격언 중 '신도시 불패, 장화 신고 들어가서 구두 신고 나온다'라는 말이 있다. 신도시는 처음에는 흥행에 실패하지만, 결국 실수요자들에게 선호도가 높아서 실패할 확률이 적다는 뜻이다. 전국에 있는 신도시들은 대부분 그 지역 시세를 리딩한다. 신도시는 바둑판식으로 도로가 잘 닦여 있고, 계획된 도시이기 때문에 주거, 상업, 녹지의 비율도 훌륭하다. 심지어 전깃줄마저도 지중화되어 있기 때문에 길거리도 깨끗해 보이고, 모든 아파트도 신축이라 선호도가 높다. 강남이 태초부터 계획된 신도시이고, 한동안 서울에서 대규모 신도시는 없었다. 그러나 2007년 서울에 마지막 신도시가 지정되는데, 바로 강서구 마곡동 마곡신도시다. 2014년에 마곡 엠밸리 단지가 첫 입주를 시작했고, 2018년에 LG사이언스센터가 입주를 하면서 도시가 어느 정도 완성되었다.

마곡신도시는 총 5개의 지하철 노선이 지나가는데, 마곡나루역, 양천

향교역, 마곡역, 발산역, 신방화역이 있다. 이 중 으뜸은 마곡나루역인데, 9호선 급행, 공항철도의 환승역이다. 급행답게 여의도역 15분, 고속터미널역 26분, 서울역(공항철도)까지 19분이면 닿을 수 있다. 물리적으로 외곽에 있지만, 시간상으로는 3대 업무지구와 30분 내 거리에 있다고 볼 수 있다. 이뿐 아니라 마곡나루역 남쪽에 LG 같은 대기업 일자리가 많아서 직주근접의 조건도 갖췄다. 마곡나루역이 제일 탐날 수밖에 없는 위치다.

마곡신도시 오피스텔 입지

마곡나루에서 제일 좋은 오피스텔은 보타닉푸르지오시티다. 1,390세대의 대단지, 브랜드 오피스텔이고, 2017년에 준공해 신축에 속한다. 역세권인 수준이 아니라 지하철 출구가 오피스텔 지하와 연결되어 있고, 상권도 잘 발달해 있어 임차인들의 선호도가 좋다. 단점이 없는 대장 오피스텔이다. 유일한 단점을 꼽자면 가격이 마곡에서 제일 비싸고, 갭도 제일 큰 편이라는 점이다. 그래도 대장 오피스텔답게 투자자들의 선택을 가장 많이 받는 오피스텔이다. 투자금이 많이 든다는 기회비용을 환금성과 맞바꾸는 것이다.

투자금이 부족하다면 일성트루엘 오피스텔이 대안이다. 2016년에 준공해 596세대다. 갭은 마곡나루의 절반 수준이지만, 여전히 마곡나루역과 그렇게 멀지 않고, 남향으로 도로를 접하고 있어서 대부분 호실의 채광이 훌륭하다. 보타닉푸르지오시티가 가장 번화한 곳에 있다면, 일성투르엘은 한 블록 떨어져서 아파트 주거촌과 함께 어우러져 있어 조용한 곳을 선호하는 임차인들에게 인기가 좋다. 필자는 전세보증금 대출제도 때문에 2억 원 이하 저가 오피스텔이 투자성이 더 좋다고 보는데, 보타닉푸르지오 1채를 투자할 돈보다는 일성트루엘 2채가 투자하기도 쉽고, 수익률도 좋을 것이라고 생각한다. 다만, 브랜드, 세대수, 역과의 거리에서 열세에 있기 때문에 환금성은 떨어질 수도 있으니 개인 투자 성향에 맞춰 투자하자.

마곡신도시는 현재보다 미래가 더 기대되는 입지다. 대규모의 LG사이언스파크도 거의 입주를 마무리하고 있고, 대부분 지식산업센터도 공실이 없어 매매가도 오르고 있다. 대기업들과 관련된 협력사의 상주 근로인원도 무시할 수 없고, 앞으로 지어질 지식산업센터의 오피스까지 생각한다면 고소득 직장인들이 계속 늘어날 전망이다. 그뿐 아니라 마곡에 또 한 가지 호재가 있다. 2021년 7월, 마곡 MICE를 착공했다.

그동안 국제회의, 전시, 컨벤션 등은 삼성동 코엑스에서 주로 열렸다. 하지만 2024년 하반기 마곡 MICE가 완공된다면, 삼성동 코엑스의 역할을 서울 서남권에서는 마곡 MICE가 담당할 예정이다. 이렇게 상주 근로인원이 계속 늘어난다면, 오피스텔에 대한 수요도 자연스레 늘어날 것이다.

마곡 MICE   출처 : SH공사

Part 6.

소액으로 쉽게
큰돈 버는 투자 비법

갭 투자
3가지 분류

2013년에서 2015년 사이 갭(Gap) 투자라는 용어가 대중화되었다. 예전에는 '전세 끼고 매수' 정도였다. 누가 만들어 낸 단어인지는 몰라도 매매가와 전세가의 차액만 가지고 하는 투자를 갭(Gap, 차이) 투자라고 이해하면 쉽다. 매매가 3억 원, 전세가 2억 5,000만 원이라면, 5,000만 원과 취득세 정도만 있으면 투자할 수 있다. 이 방법은 '전세 임차인을 맞추는 시기'에 따라서 종류를 3가지로 분류할 수 있을 것 같다.

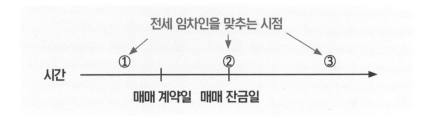

① 첫 번째는 매수 잔금 전에 이미 전세 임차인이 들어가 있는 경우

다. 보통 '세 안고 매매, 세끼고 매매'라고 부른다. 전세를 들어온 지 3개월 정도밖에 안 되었을 수도 있고, 만기가 7개월 정도 남아 있을 수 있다. 이미 임차인이 들어가 있기 때문에 잔금을 못 치를 리스크는 거의 없다. 매매가에서 기존 전세가를 뺀 차액만 들고 오면 바로 잔금을 치를 수 있기 때문이다. 예전 시세에 맞춘 전세금이기 때문에 전세가가 낮게 세팅되어 갭이 크다. 난이도는 쉽지만 투자금이 많이 드는 단점이 있다. 하지만 만기가 7개월 정도 남은 매물을 찾아 매수한다면 투자 초기에는 투자금이 많이 들어가지만, 7개월 뒤에 전세가가 급등한다면 투자금을 모두 회수하고 심지어 플러스피가 나기도 한다. 난이도가 쉬워서 초보자가 갭 투자를 처음 한다면 좋은 방법이다.

② 두 번째는 매수 잔금일에 동시에 전세 잔금을 하는 경우다. 다르게 표현하면, 전세 잔금으로 매매 잔금을 치르는 것이다. 예를 들어 매매가가 3억 원이고 2개월 뒤에 매매 잔금을 치르기로 한다. 그러면 그 2개월 동안 매매 잔금일에 맞춰서 들어올 전세 임차인을 구하고, 그날 집주인이 바뀌면서 동시에 전세 잔금에 내 갭(차액)을 더해서 매매 잔금을 치르는 것이다. 초보자라면 "전세 잔금으로 매매 잔금을 치르는 게 가능해?"라고 되물어볼 수 있다. 현장에서는 빈번하게 이뤄지고 있고, 사실 진정한 의미의 갭 투자는 이 방식이 맞는 것 같다. 장점은 전세가를 현재 시세로 빼기 때문에 투자금을 최소화할 수 있다는 점이다. 매수 계약 후에 전세 시세가 가파르게 오르게 되면 무갭(無gap)에 가까운 투자도 가능하다.

단섬은 갑자기 정책적인 요인이나, 주변 신축 입주로 인해 전세를 못 맞춰 잔금을 제때 치르지 못할 수도 있다는 것이다. 전세 임차인이 구해지지 않으면, 전세 호가를 내려서 투자금이 더 들어갈 수도 있고, '임차인을 못 구해 잔금을 못 치르면 어쩌나?' 하고 마음고생을 많이 하기도 한다. 이 때문에 계약금을 포기하는 사례도 너러 봤다. 갭 투자가 작은 차액으로 투자할 수 있지만, 그만큼 위험성이 크다. 이 방식을 사용하려면 매도자와 여러 가지 협조가 필요한데 다른 지면에서 다루겠다.

2022년 9월 1일, 국토교통부에서 발표한 전세사기 방지대책으로 '임차인이 대항력을 갖추기 전까지 매매/근저당을 금지'하는 정책이 나왔다. 그래서 요즘은 공인중개사들이 먼저 전세 잔금 후 하루 이틀 뒤 소유권 이전을 하는 방법을 선호한다.

③ 세 번째는 매수 잔금을 현금 또는 대출로 먼저 치르고 천천히 전세를 맞추는 방법이다. 이미 잔금을 치르고 공실이 되어 있는 상태라서 원하는 전세보증금을 받을 때까지 느긋하게 기다릴 수 있다. 주택은 사실상 대출이 막혀 이 방법이 쉽지 않다. 반면에 오피스텔은 비주택으로 아직은 대출이 70~80%까지 나온다. 그러므로 앞서 설명한 두 번째 방법에서 전세 임차인을 결국 못 구했을 때, 우선 대출로 잔금을 치른 후에 전세 임차인을 맞추면 된다. 또는 현금이 2~3억 원 정도 있어 대출 없이 잔금을 치르고 마냥 기다리는 방법도 있다. 현금을 모두 투자하는 것은 미련해보이지만, 가장 마음이 편한 투자다. 장점은 원하는 전세가를 원하는 가격에 받을 수 있다는 점과 공실을 내고 나서 전세를 놓는 거라 집 보여주기가 수월하다는 점이다. 단점은 현금에 대한 기회비용 또는 대출을 받았을 때 발생하는 이자와 중도상환수수료(대출액의 1~1.5% 정도)다.

어떤 방법을 사용하든지 전세를 레버리지로 이용한다는 기본원리는 똑같다. 전세가율(매매가 대비 전세가)이 높을수록 높은 레버리지를 사용하는 것이다. 서울 오피스텔은 전세가율이 90~105%에 육박한다(2021년만 해도 취득세를 내고도 남는 예도 있었다). 높은 레버리지는 극한의 수익률을 만들어주기도 하지만, 전세가가 떨어져서 오히려 전세가를 돌려주는 '역전세' 현상에 취약하다.

한때 뉴스에서 떠들썩했던 빌라의 신, 빌라왕, 세 모녀 사건 때 '역전세'를 맞고 많은 임차인에게 고통을 안겨줬다. 주변 시세에 맞지 않게 높게 뺀 전세가는 2년 만기가 돌아오는 시점에 역전세를 피하기가 힘들다. 또는 주변에 신축 입주가 있으면 일시적으로 전세보증금이 떨어지는데, 이때 만기가 돌아오면 역전세로 고생을 해야 할 수도 있으므로 항상 전세 만기가 다가오기 전에 자금을 융통하거나 임차 수요가 풍부해서 다음 임차인을 구할 수 있는 곳을 선택해야겠다.

가장 많이 받았던 질문은 "만기가 돌아오면 어떻게 돈을 구해서 돌려주나요?"라는 것이다. 애초에 전체 잔금을 가지고 투자를 한 것이 아니기 때문에, 전세 만기가 되어서 나간다고 하면 그 큰 전세보증금을 어디서 마련하냐는 질문이다.

첫 번째로, 오피스텔은 비주택으로 대출 규제 영향이 적기 때문에 담보대출로 전세보증금을 내어주는 방법이 있다. 두 번째는 다음 전세 임차인의 보증금을 이전 전세 임차인에게 배턴 터치하는 방법이다. 집이 부족한 서울에서는 두 번째 방법이 흔하다.

부동산 거래를 할 때 사람이 생활하고 있는 집을 중개인이 불쑥 찾아가서 집을 보여주는 나라는 우리나라밖에 없다. 그만큼 집이 부족하다는 방증이기도 한데, 어쨌든 이전 임차인에게 집을 좀 보여달라는 협조를 구한 뒤에, 새 임차인을 구하면 된다. 그래서 갭 투자는 오피스텔을 더 잘 골라야 한다. 들어오고 싶은 임차인들이 '대기'를 달아놓을 정도로 좋은 오피스텔을 골라야 2년 뒤가 걱정이 없다.

갭 투자는
매물 체크가 필수

갭 투자 방법을 알았다면, 갭 투자를 할 지역을 선정하는 방법에 관해서 이야기하려 한다. 첫째, 주변에 신축 입주 물량이 없는 곳에 투자해야 한다. 둘째, 투자자들이 많이 들어가서 전세 매물이 적체된 곳을 피해야 한다. 전세 레버리지는 양날의 검이다. 2년 뒤 미래를 제대로 보지 못하면 나를 위협할 수도 있다. 그래서 갭 투자는 더욱더 보수적으로 투자해야 한다.

첫째, 신축 입주 물량이 없는 곳을 갭 투자 지역으로 선정해야 한다. 그 이유는 200세대 오피스텔(또는 아파트)만 동시에 입주해도 주변에 전월세가 나가지 않는다. 분양을 받은 사람들은 계약금 10%만 넣고 나머지는 중도금대출로 해결하기 때문에 사실 잔금을 치를 돈이 없는 사람이 대부분이다. 그래서 전세 임차인을 받아서 잔금을 치르려고 하는데, 매물이 여럿 나와 있고 수요는 예전과 동일하다 보니 임차인 모시기 경쟁이 심하다. 입주예정일이 다가올수록 수분양자들은 발을 동동 구르고 전세가를 경쟁적으로 내리면서 임차인을 맞추려고 노력한다. 이런 상황이 펼쳐지고 있으니 새것도 아닌, 중고 오피스텔의 전세가 나갈 리가 없다. 기존 임차인들도 이때라고 아예 구축 오피스텔에서 새 오피스텔로 갈아타기도 한다. 그러다 보니 자연스럽게 중고 오피스텔의 전월세 매물도 쌓이면서 갭 투자하기 어려운 환경이 되기도 한다.

다른 이야기이긴 하지만, 이렇게 신축 입주장이 펼쳐질 때는 수분양자로서 계약이 해지되지 않을 마지막 날까지만 잔금을 지연시키는 전략을 추천한다. 덜컥 겁이 나서 너무 싸게 전세를 줘버리면 예상치 못한 투자금이 많이 들어서 2년 동안 후회하고, 임차인이 전월세계약갱신청구권이라도 사용하는 날에는 5%밖에 못 올리기 때문이다. 특히나 주택임대사업자를 낼 사람이라면 첫발을 잘못 디디면 영영 5%밖에 못 올린다. 차라리 지연이자 연 10%를 내는 한이 있더라도 늦게 잔금 치르는 것을 추천한다. 물론 최후의 보루로 잔금대출도 계속 알아보면서 말이다.

또 하나 조심해야 할 것은 하남미사신도시같이 빈 땅이 있는 곳을 조심하라. 언제라도 새 오피스텔이 입주하면, 일시적으로 매매가, 전세보증금이 출렁일 수 있기 때문이다. 그래서 필자는 경기도 신도시보다도 빈 땅이 없거나, 땅값이 비싸서 쉽게 오피스텔이 들어오기 힘든 서울 상업지역 위주로 투자를 했다. 방이동 모텔촌 같은 곳도 모텔 여러 개를 부수고 새 오피스텔이 올라올 수도 있다. 하지만 땅값 자체가 이미 너무 올라서 쉽게 시행사가 접근하지 못하기도 하고, 분양가가 절대 준신축 오피스텔과 경쟁할 수 없는 금액대다.

하남미사신도시 입지

둘째, 인근 기축(이미 지어진) 오피스텔의 전세 매물의 개수를 확인해야한다. 필자는 절대로 전세 매물이 많은 지역에는 투자하지 않는다. 내전세 매물이 빛이 날 수 있는 곳에만 투자한다. 전세 매물의 개수는 곧, 투자자가 그 동네에 얼마나 진입했는지를 알 수 있는 척도다.

강남역센트럴푸르지오시티의 매매, 전세 개수를 자주 체크하는 편인데, 2021년 여름과 비교했을 때 2022년 여름의 전세 매물의 개수는 비교할 수 없을 정도로 늘어났다. 매물의 개수는 시장 동향 지표이고, 동시에 거래량에 대한 선행지표이기도 하다. 대중들이 쉽게 간과하는데, 필자가 생각할 때는 시장의 분위기를 확인할 수 있는 정말 중요한 지표다. 매물의 개수는 갭 투자자가 진입하면 매매 물건이 하나 사라지면서 전세 매물로 하나 나온다. 매매는 체결이 되고, 전세로 잔금을 치르기 때문이다.

그렇다면 매매 매물보다 전세 매물의 개수가 많은 것은 어떻게 봐야할까? 투자자가 대거 진입했다는 뜻이다. 보통 오피스텔은 수익형 상품이라서 전세 매물이 드물다. 이렇게 전세 매물이 20개가 넘게 있다는 것은 '시세차익'을 기대하고 투자하는 사람들이 늘었다는 방증이다.

강남역센트럴푸르지오시티 매매, 전세 매물

투자 성향과 스타일에 따라서 방향이 나뉘는데, 초반에 급등할 때 같이 따라 들어가 달리는 말에 올라타는 투자자도 있다. 반면에 필자처럼 그 옆에 안 오른 지역을 보는 투자자도 있다. 달리는 말에 올라타면, 투자금이 더 들지만 큰 수익을 내는 경우도 있고, 필자처럼 이른바 지각비가 아까워 바닥에 투자하는 투자자도 있다.

정답이 정해져 있는 것은 아니다. 다만, 필자가 다른 투자자들과 함께 들어가지 않는 이유는 환금성을 가장 중요시하기 때문인데, 매도할 때도 함께 경쟁하는 것을 원하지 않는다. 내가 먼저 들어간 지역은 나갈 때도 가장 먼저 편하게 매도하고 나갈 수 있다. 그뿐만 아니라 투자자가 동시다발적으로 전세를 낳기 때문에 2년 뒤 만기에도 동시다발적으로 매물이 쌓인다. 매매가가 올랐어도 행여 전세 시세가 외부요인에 의해서 떨어지는데, 임차인이 나간다고 하면 흑자도산의 위험성도 있다.

갭 투자에
최적화된 매물 고르기

앞에서 투자할 지역을 골랐다면, 이번에는 어떤 매물을 골라야 갭 투자 하기 좋은지에 대해서 설명하고자 한다. 우리가 찾아야 할 매물 조건은 ① 임차인이 곧 만기가 되어 나가는 매물이다. 그리고 주택임대사업자와 같은 승계조건의 매물은 피해야 하고, ② 매도자가 전세대출에 협조할 수 있는 매물을 찾아야 한다. 이런 조건을 찾는 이유는 전세를 새로 맞춰야 높게 세팅해 피 같은 투자금을 줄일 수 있기 때문이다.

개정된 임대차보호법을 간략하게 짚고 넘어가자.

〈임대차 계약갱신청구권〉
- 임차인은 만기 6개월~2개월 전 사이에 계약갱신청구권 사용 가능
- 계약갱신청구권을 사용하면 보증금 인상 폭이 5% 내로 제한
  (예시) 만기 : 2023년 12월 31일 → 7월 1일~10월 31일 계약갱신청구

권 행사 가능
→ 11월 1일~12월 31일 계약갱신청구권 행사 불가

여기까지는 잘 알려져 있다. 예를 들어, 만기가 2023년 12월 31일인 임차인은 2023년 7월 1일부터 2023년 10월 31일까지 계약갱신청구권을 행사할 수 있다. 그렇게 되면 보증금이 2억 원이라면 5%만 증액해 2억 1,000만 원에 연장할 수 있게 된다. 또한, 임차인은 2023년 11월 1일부터 2023년 12월 31일(만기) 사이에는 만기가 2개월이 남지 않았기 때문에 계약갱신청구권을 사용할 수 없다.

〈임대인의 계약갱신청구권 거부〉
- 임대인은 실거주를 이유로 임차인의 계약갱신청구권을 거부할 수 있다.
- 새로운 매수인(집주인)은 적어도 임대차 만기 6개월 전에는 소유권 이전을 마쳐야 실거주를 이유로 거부할 수 있다.
 (예시) 만기 : 2023년 12월 31일 → 새 주인은 6월 30일까지는 소유권 이전해야 실거주로 거부 가능

임차인이 계약갱신청구권을 행사하더라도 임대인이 실거주한다고 하면 연장할 수 없다. 하지만 필자 같은 갭 투자자는 새로운 매수자(집주인)다. 매수하고 3개월 뒤에 전세가 만기라면, 새로운 집주인은 실거주를 이유로 계약갱신청구권을 거부할 수 없다. 2023년 12월 31일이 만기라면, 적어도 소유권 이전을 2023년 6월 30일까지는 마쳐야 임차인에게 '실거주'를 이유로 계약갱신청구권을 거부할 수 있다.

정리해보자면, 새로운 임차인을 들이기 위해서 임대인이 계약갱신청구권을 거부할 수 있는 권리를 갖는 경우의 수는 다음과 같이 정리할 수 있다.

- 만기가 6개월 이상 남은 매물을 매수하거나,
- 계약갱신청구권을 사용하지 않았고, 만기가 2개월 이내로 남은 매물을 매수

첫 번째는 새로운 매수인이 실거주를 이유로 계약갱신청구권을 거부할 수 있다. 두 번째는 임차인이 계약갱신청구권을 사용할 수 있는 기간이 이미 지나버렸다. 만약 갭이 꽤 크지만, 임차인이 나갈 것을 기대하고 만기가 3개월 정도 남은 것을 소유권 이전했다고 생각해보자. 임차인이 변심해서 말을 바꿔, 갑자기 계약갱신청구권을 사용한다고 하면 임대인은 거부할 방법이 없어서 5%밖에 보증금 인상을 못하고 큰돈이 묶여버리게 된다. 한 채라도 더 사야 하는 투자자로서는 무조건 피해야 하는 경우다.

아파트와 다르게 오피스텔은 명도 저항이 강하지 않으므로 임차인이 완강한 경우는 흔치 않다. 그래서 필자는 매수 조건에 항상 '임차인이 명도되는 조건'이라고 처음부터 못 박아버리고, 매매계약서 특약에도 넣는 편이다. 만약 월세 임차인인데 명도가 안 되면 많은 현금을 들여서 잔금을 치러야 하거나, 계약금을 포기해야 하는 상황이 생긴다. 그런 상황이 애초부터 생기지 않게 명도가 되지 않으면 계약이 무효가 되는 특

약사항을 넣는다.

그다음으로 중요한 것은 매도자가 새로운 임차인과 전세 계약을 해주는 것을 반드시 사전에 협의한 매물을 골라야 한다. 어떤 뜻이냐면, 매매 잔금을 새로운 임차인의 전세보증금으로 치르는데, 대부분 임차인은 전세대출을 받고 들어온다. 전세대출을 위해서는 등기부상 현재 집주인(매도자)과 새로운 임차인과의 계약이 필요하다. 매수자와 새 임차인이 전세 계약을 맺으면 되지 않을까? 실제로 그렇게 해주는 은행도 더러 있다. 하지만 은행 입장에서 봤을 때 소유권 이전도 되지 않은 상태에서 등기부에도 나와 있지 않은, 새로운 매수자에게 큰돈을 넘긴다는 것이 부담이 된다. 그래서 대부분 매도자와 새로운 임차인이 계약을 맺는 경우가 많고, 이게 협조가 되지 않으면 구할 수 있는 전세 임차인의 범위가 매우 좁아지게 된다.

계약서에 도장 몇 번 찍으면 되는 것을 굳이 매도자에게 협조를 구해야 하냐고 되물어 볼 수도 있다. 나이 지긋한 매도인분들은 새로운 임차인과 전세 계약을 한다고 하면 대부분 펄쩍 뛰신다. 매도자가 왜 새로운 임차인과 계약을 해야 하냐고 따지기도 하고, 사전에 협조를 구했는데도 뭔가 잘못될까 봐 나중에 변심하기도 한다. 그래서 필자는 가계약금을 넣기 전에 공인중개사에게 항상 이 조건이 맞는지 확인을 하고, 계약서 특약사항에도 넣어 달라고 요청한다. 정리하면 다음과 같은 조건을 계약서 특약사항에 넣는 것을 권한다.

- 현재 임차인 퇴거 조건으로 매매계약
- 매수자는 새로운 임차인의 보증금으로 매매잔금을 치르며, 전세 계약 체결은 매도인이 작성

　한번은 이렇게 조항을 넣었는데도 매도자가 자기는 계약서를 못 써 주겠다고 으름장을 놓은 경우가 있었다(그사이 시세가 많이 올라서 그랬던 것 같다). 자기가 생각한 협조는 임차인이랑 연락하고, 문 열어주는 정도라고도 했다. 필자는 특약사항을 근거로 매매 계약해지의 근거가 매도자에게 있고, 소송을 해도 매도자의 책임이 있을 것이라 주장했다. 그리고 임대차 계약이 매도자에게 아무런 해가 되지 않음도 설명해서, 결국 매도자가 임대차 계약을 해줬던 기억이 있다. 갭 투자 자체가 남의 돈으로 잔금을 치르는 것이다 보니 돌발상황이 많이 발생한다. 그래서 처음부터 제대로 된 매물을 골라서 특약사항도 꼼꼼히 기재해야 한다.

갭 투자 협상하는 법
(매도인, 임차인, 중개인)

갭 투자를 하다 보면 적은 돈으로 투자하다 보니 매도자, 중개인, 임차인과 협상할 일이 참 많다. 매수자로서 어떤 식으로 협상을 끌어내는지 간략하게 다뤄보려고 한다. 부동산 투자를 하다 보면 협상 능력에 따라서 똑같은 매물을 줘도 다른 수익률을 만들어내는 경우를 많이 본다. 그만큼 협상력이 좋다면 부자가 될 확률도 높아지므로 연구해보고 노력해볼 필요가 있다고 생각한다. 내가 생각하는 협상의 기본은 그들이 원하는 것을 먼저 파악하는 것이다. 부동산은 주거와 돈이 관련된 것 아니겠는가? 그것을 주기도 하고 빼앗아가기도 하면서 협상을 하면 된다. 각자 처한 입장을 역지사지로 생각하면 협상이 간단하다.

매도자와 매매가격 협상

매도자와 협상할 것은 크게 2가지로, 매매금액과 잔금일이다. 필자는 매매 금액은 매수가 확실하게 될 때쯤 협상을 한다. 공인중개사로서도 가격 조율을 기껏 했는데, 매수하지 않는다면 그다음 거래가 끊길 가능성이 크다. 필자는 매수로 마음이 확실히 기울었을 때, 가격을 깎기 때문에 가격 조정이 안 되더라도 매수한다. 가격을 100, 200만 원이라도 빼주면 좋고 아니어도 좋다는 식이다. 어찌 되었건 공인중개사에게 항상 하는 멘트는 다음과 같다.

(100만 원 빼고 싶을 때)
"200만 원 조정되면 지금 바로 계약금 넣겠습니다."

공인중개사가 가장 듣고 싶은 말일 것이다. 공인중개사는 가격이 조정이 되든, 안 되든 거래만 되면 수수료를 받는 사람이다. 저렇게 이야기를 하면, '이 사람은 반드시 살 사람이구나'라고 생각해 좀 적극적으로 가격 조정을 해주는 편이다. 보통 이렇게 이야기를 하면 절반 정도는 깎아준다. 매도자도 절반 정도만 요구를 들어주는 것 같아서 기분이 좋고, 매수자도 절반 정도는 목적을 달성한 것 같아서 기분이 좋아 윈윈이다. 그게 사람 심리다. 사실 처음부터 100만 원을 깎고 싶어서 200만 원이라고 부른 것이다. 원하는 대로 조정이 안 되었다고 자산을 매수하지 않는 우를 범하지 않았으면 좋겠다. 푼돈을 깎으려고 하다가 기분이 상해서 매물을 놓치고 1억 원 넘게 올라 후회했던 경험이 너무나 많다.

매도자와 잔금기한 협상

갭 투자자에게는 잔금기한을 길게 늘이면 늘일수록 유리하다. 수중에 계약금만 겨우 걸 돈만 있는 경우에도 잔금기한을 길게 하기도 한다. 잔금을 하는 사이에 전세보증금이 올라 투자금이 줄어들거나 시세가 올라서 대출에 유리하기 때문이다. 그리고 전세 임차인도 여유롭게 구할 수 있어서 리스크가 많이 줄어든다. 매도자는 받아야 할 돈을 나중에 받고, 6월 1일에 소유하고 있으면 재산세도 부담해야 하니 좋을 리가 없다. 이럴 때는 마찬가지로 금전적인 보상이 최고다.

> "예금금리 2배 이자로 쳐 드릴 테니 잔금을 2개월 더 미룹시다" 또는
> "재산세 2배만큼 드릴 테니 6월 1일을 넘겨서 잔금일로 합시다(종부세 부담회피)"

예금금리 2배라고 했을 때 2억 원이면 2개월 동안 100~200만 원 수준이다. 그 정도 돈으로 2개월을 미뤄서 투자금도 줄이고, 전세 임차인도 느긋하게 구할 수 있다면 훌륭하다.

기존 임차인과 협상

임차인은 돈보다는 주거에 대한 니즈가 더 크다. 만기까지 살기로 되어 있는데, 갑자기 몇 개월 빨리 나가라고 하면 기분부터 나쁘다. 새집을 알아보는 것도 짜증이 난다. 그렇지만 투자자는 몇 개월 돈이 묶여 있는 사이 기회비용이 너무 크다. 그럴 때는 임차인에게 "새로 이사할

곳의 중개수수료를 지불하겠다"라던가, "새로 이사할 곳을 같은 단지 내에서 알아봐 드리겠다"라고 이야기한다. 월세 임차인이라면 "이사비 명목으로 한 달 치 월세만큼 지불하겠다"라는 말로 협상을 한다. 임차인으로서는 몇 개월 뒤에 어차피 나가야 하니, 중개수수료를 내준다고 하면 긍정적으로 생각해볼 수도 있다.

새 임차인과 협상

새 임차인이 집에 들어올 때, 깡통전세라는 단어 때문에 집주인을 의심의 눈초리로 바라본다. 깡통전세가 걱정되어 돌아서려는 손님을 붙잡는 마법 같은 방법이 있다. 보증보험이 된다는 이야기를 어필해보자. 그래도 고민을 한다면, 보증보험료의 절반 또는 전부를 임대인이 부담하겠다고 이야기해보면 표정이 달라진다. 물론 새로운 임차인을 매수자가 직접 협상할 일은 없겠지만, 공인중개사를 통해 이런 조건들을 내세우면 훨씬 빠르게 임차인을 구할 수 있다. 보증보험이 안 된다면 '전세권 설정'을 할 수 있게 하겠다고 이야기해보자(임대인으로서는 전입+확정일자와 크게 다를 것은 없다). 전세권 설정은 임차인 마음에 작게나마 위안이라도 된다. 그리고 깡통이 아니라는 것을 강조해야 한다. 이것 때문에 취득세가 1,000만 원이 나오며, 매년 재산세와 종부세를 내느라 등골이 휘고, 각종 수리비를 내느라 남는 게 없다고 임대인이 손해 보는 척(?) 연기를 해야 한다. 그리고 임대인의 신용에 문제가 없다는 것을 재직 중인 직장이나, 사는 아파트 주소, 보유한 자산 등으로 은근히 어필해야 한다.

공인중개사와 협상

　공인중개사와 협상할 것은 다양하다. 갭 투자자를 가장 힘들게 하는 것은 전세 임차인을 적극적으로 구해주지 않을 때다. 공동중개망에 올려서 임차인을 구하면, 본인이 새 임차인으로부터 중개수수료를 받지 못하기 때문에 단독중개를 하는 경우가 있다. 새 임차인을 구하는 데 오래 걸리는 원인이다. 그럴 때는 솔직하게 "전세가 안 나가니 다른 곳에 내놓아보자"라고 이야기를 하자. 공동중개망에 올리는 대신에 임대인(매수인) 측 전세 중개수수료도 50% 정도 지불한다고 하자(본래 갭 투자를 하면 전세 중개수수료는 대부분 받지 않는다). 매수 또는 매도를 할 때도 중개수수료를 2배로 준다고 하면 없던 매물도 생기고, 없던 매수자도 구해진다. 공인중개사는 돈을 받고 중개를 하는 사람임을 잊지 말자. 자본주의 시장에서 최고의 유인책은 돈이다.

　가끔 중개 서비스에 불만이 있을 때는 합당한 이유를 대면서 중개수수료를 깎기도 한다. 공인중개사도 사람인지라 무턱대고 깎아달라고 하면, 다음 매물을 소개받지 못할 확률이 높다. "이런 점이 불만족스러웠다" 또는 "OO 하자가 있는 것을 안내를 못 받았으니, 그만큼 중개수수료를 깎아달라"라는 식이다. 입에서 깎아달라는 말이 잘 안 나오는 성향의 사람도 있다. 말 한마디에 몇십만 원이라고 생각하면 할 수 있지 않을까? 자존심은 좀 구겨도, 돈이 드는 것도 아닌데, 시도는 해볼 수 있을 것이다.

전세 만기가
다가오는데 어떡하죠?

갭 투자를 시작한 지 2년이 지나 보면 수시로 투자할 부동산들의 만기가 다가온다. 투자 물건의 만기가 도래하면 여러 갈림길에 서게 된다. 기존 임차인과 연장할 것인지, 새로운 세입자를 받을 것인지, 그냥 보증금을 내어주고 공실을 낼 것인지, 그 전에 팔 것인지 말이다. 갭 투자를 시작할 때는 좋았으나 관리하고 매도를 꾸준하게 하는 것은 쉽지 않다. 전세 만기 때 전세보증금을 돌려줄 만큼의 큰돈이 없다는 것이 초보 갭 투자자들의 걱정거리다. '만약에 임차인이 전세보증금을 돌려달라고 전화하면 어떡하지?', '나 때문에 이사를 못 가는 상황이 생기면 어떡하나, 혹시 경매로 넘어가면 어떡하나?'라는 식의 걱정이 꼬리를 문다.

너무 크게 걱정하지 말아라. 필자가 내세우는 역세권, 직주근접, 임차 수요가 풍부한 곳을 위주로 투자했다면, 다음 임차인을 구하기 수월할 것이다. 현행 임대차보호법에 따르면, 현 임차인은 만기 6~2개월 사이에 전월세 계약갱신청구권을 행사할 수 있다(그리고 임대인은 실거주를 이유로 이를 거부할 수 있다). 그래서 필자는 보통 만기 7개월 전쯤에 임차인의 이사계획을 물어본다. 만약 계약갱신청구권을 사용하면 보증금은 5% 이내로 증액해야 한다. 주변 시세가 한참 올랐다면 조금 억울할 수도 있겠지만 어찌 되었건 현금이 돌고, 새로운 임차인을 구하는 번거로움과 중개수수료를 조금 아낄 수 있는 것으로 위안을 삼아야겠다.

만약 현 임차인이 방을 비우겠다고 통보했다면, 우선 주변 부동산 상황을 살펴보자. 현재 주변 전세 시세는 어떤지, 주변에 신축 입주가 있지는 않은지, 전세 매물의 개수는 인근에 총 몇 개가 나와 있는지 등을 살펴봐라. 가격보다도 중요한 것이 전세 매물의 개수다. 개수가 너무 많다면, 내 전세 매물이 바로바로 빠지지 않을 가능성이 있다. 강남역 같은 곳은 투자자들이 한 번에 몰려서 들어가다 보니 전세 만기도 동시에 나오고, 2년 뒤에 똑같이 전세 매물 개수가 늘어날 수 있다. 그런 경우에는 중개수수료를 2배로 올리거나, 전세가를 낮추는 등 특단의 조치를 취하자.

현 임차인에게는 다음 임차인을 구할 예정이니 집을 잘 보여달라고 부탁하자. 이사 날짜가 어느 정도까지 조율 가능한지도 물어보자. 보증보험에 가입한 임차인들은 사실 협조가 쉽지 않다. 오피스텔 임차인들이 대부분 낮에는 집을 비워서 보여주기도 힘들뿐더러 젊은 임차인일수록 '내가 왜 집을 보여줘야 하느냐?'라는 식의 태도를 보이기도 한다. 사실 그들로서는 보증보험으로 제날짜에 딱 보증금을 받고 나가는데, 굳이 집을 보여줄 필요가 없기도 하다. 하지만 집을 잘 보여주면, 보너스를 챙겨드리거나 하는 식으로 협조해서 새 세입자를 구하자. 매물 사진을 정성스럽게 찍어서, 공인중개사 1명에게만 내놓지 말고 여러 명에게 매물을 내놓아서 혹시 모를 손님을 놓치지 않도록 하자. 네이버 카페 '피터 팬의 좋은 방 구하기'나 당근마켓에도 적극적으로 홍보하면 예비 임차인, 공인중개사들에게도 문의가 많이 온다.

만약 만기가 3주도 남지 않았는데, 임차인이 도저히 구해지는 기미가 없다면 보증금반환 담보대출을 알아보자. 필자 생각에는 2년 뒤에는 매매가격이 훌쩍 올라서 60% 대출만 받아도 전세보증금을 충분히 내어줄 수 있으리라 생각한다. 오피스텔 대출은 아파트 대출처럼 일사천리로 진행되지 않고, 취급하지 않는 지점도 있을 테니 대출상담사나 은행 지점을 미리미리 알아봐두는 센스도 필요하다. 대출은 아무리 빨라도 심사에서 실행까지 최소 2주 정도 소요되므로, 한 달 전부터 여유 있게 준비해두자. 만약 대출로 보증금을 내어준다면 보통 퇴거 당일 오전 10시~11시에 대출이 실행되고, 그 돈을 임차인에게 내어주면 되니 미리미리 시간을 조율하자.

만약 임차인이 보증보험에 가입했다면 조금 기지를 발휘할 수도 있다. 다음은 주택도시보증공사(HUG)의 전세보증금반환 사고에 관한 정의다.

보증사고 정의
**① 전세계약해지 또는 종료 후 1월까지 정당한 사유 없이 전세보증
   금을 반환받지 못할 때**

② 전세계약기간 중 전세 목적물에 대해 경매 또는 공매가 시행되어, 배당 후 전세보증금을 반환받지 못했을 때

①번을 자세히 보면 '1개월' 미만은 보증사고로 보지 않는다. 새로 들어올 임차인과 날짜 협의가 안 되어 계약을 날리지 말자. 그보다는 보증보험사 담당자에게 읍소해서 새 임차인을 구했으니 며칠 정도만 기다려주면, 반드시 보증금을 반환하겠다고 협상을 해보자. 기존 임차인에게 보증금을 못 돌려주는 피해를 줘서는 안 되겠지만, 그보다 더 최악은 오피스텔에 임차권 등기가 되어 경매로 넘어가는 경우다. 차라리 보증보험사와 협상을 잘 해보자.

매도하는 것도 하나의 선택지인데 세끼고 매도하거나, 공실로 매도하는 방법이 있다. 누구나 그렇듯 투자금은 적게 들어갈수록 좋다. 그래서 아예 다음 임차인의 전세보증금을 높게 맞춰서, 투자금이 적게 들어가도록 예쁘게 포장하는 것도 매도가 잘된다. 사실 가장 좋은 것은 공실로 매도하는 것이다. 그런데 새로운 매수인이 실거주자일 수도 있고, 월세 투자자일 수도 있는데, 전세 임차인이 껴 있어 버리면 거래가 성사되기 어렵다. 그러므로 공실 상태라면 어떤 수요자라도 받을 수 있고 입주 날짜까지 조율할 필요가 없으므로, 시세보다 약간 비싸도 거래가 성사될 확률이 높다. 이를 위해서는 전세보증금을 내어주거나 담보대출을 받을 필요가 있겠다. 전세와 마찬가지로 중개수수료에 보너스를 얹거나, 여러 중개사무소에 매물을 내놓을 필요가 있다.

필자가 저가 오피스텔을 매수한 이유 중 하나가 전세보증금을 못 돌려줄 리스크를 많이 낮출 수 있기 때문이다. 3억 원짜리 전세보증금을 사실 현금으로 마련하기는 어렵다. 그러나 1억 5,000만 원짜리 전세보증금은 영끌을 하면 구해볼 수 있는 금액이긴 하다. 그러므로 3억 원짜리 1개를 투자하는 것보다 1억 5,000만 원짜리 2개를 시기를 나누어서 전세를 돌리는 것이 적은 돈으로 운용할 수 있으므로 흑자도산 리스크가 적다(또한, 양도세 면에서도 분할 매도가 가능해서 그렇다).

전세 만기가 다가오면, 임차인과 미리 계획을 잘 맞춰서 서로 불편할 일이 없도록 하자. 7개월 차에 한 번 연락하고, 부동산 중개사무소에 매물을 내놓을 때 연락을 해서 미리미리 협조를 구하자. 사실 다음 임차인이 대기하고 있는 오피스텔 단지를 사면 이런 걱정이 필요 없다. 오피스텔을 처음 투자할 때 잘 알아보도록 하자.

내가 강남 오피스텔을
한 채도 사지 않은 이유

이 글을 쓰는 시점에 필자는 강남구 오피스텔을 한 채도 매수하지 않았다. 강남은 누구나 다 인정하는 최상급지 아닌가? 근데 전업 투자자가 왜 사지 않은 것일까? 개인적인 투자 취향이기도 한데, 이유는 간단하다. 이미 많이 들어와 있는 다른 투자자들과 전세 놓기와 매도 경쟁을 하고 싶지 않아서다. 그리고 큰 금액의 오피스텔 1채보다, 작은 오피스텔 여러 채가 여러모로 낫다고 생각한다.

강남은 대한민국 최상의 입지고, 투기 심리가 조금이라도 들어가면 훅 상승하는 지역이다. 그래서 어떤 부동산이든지 가장 먼저 반응이 오는 곳이 강남이다. 얼마 전 '강남'만 20채 이상 집중 매수한 지방 투자자에게 이유를 물어봤다. "나 다른 데는 잘 몰라요. 강남은 손해 안 볼 거 같아서 거기만 샀어요." 심플하다. 서울의 다른 데는 못 미덥고, 강남은 대장이니까 잘 몰라도 믿고 사는 것이다. 그래서 투자자가 가장 많이 몰려오는 곳이라서 매매와 전세 갭 차이도 가장 많이 벌어져 있다. 이는 그만큼 수익률은 떨어지지만, 가장 안전하고 가장 많이 오를 것 같다는 기대심리가 반영되어서 그렇다.

그러나 내가 강남 오피스텔을 매입하지 않은 이유는, 투자자가 너무 많이 들어왔기 때문이다. 필자는 본래 사람이 붐비는 곳을 잘 좋아하지 않는데, 투자자가 많이 들어온 곳은 전세 빼기가 힘들다. 여러 명이 갭투자를 진행하면, 매매 물건이 하나 없어질 때마다 전세 매물로 나오게 된다. 따라서 매매와 전세 매물의 개수를 보면 투자자가 얼마나 많이 들어왔는지 가늠할 수 있는데, 강남역 인근 오피스텔을 보면 매매, 전세 매물의 개수가 같거나, 전세 매물이 더 많은 곳도 있다. 그만큼 투자자들이 많이 들어왔다는 뜻이다. 전세는 가격을 낮추면 어찌어찌 뺄 수 있다. 그런데 이렇게 동일 시기에 들어간 투자자들이 2년 뒤에 일반세율 시점이 되면, 한날한시에 매물을 던질 것 아닌가? 들어갈 때도 경쟁해야 하는데, 매도하고 나갈 때도 경쟁을 해야 한다니 골치가 아프다. 그뿐 아니라 글을 쓰고 있는 이 시점에도 투자자들이 전세를 경쟁적으로 놓다 보니 전세가는 그대로인데, 매수행렬로 인해 매매가는 더 오르고 있다. 결국에는 갭이 더 벌어져서 투자금이 점점 더 많이 들어간다.

내가 가장 좋아하는 상태는 전세 매물이 하나도 없는 투자 환경이다. 이런 곳은 매수 계약을 체결하면서 전세 매물로 내놓으면 네이버 부동산에 매물을 띄우지 않는다. 왜냐하면 전세 대기자들 명단이 있기 때문에 전세가가 높아도 다음 날 바로 나간다. 단지 내 월세 임차인들에게 전화를 돌리면 누군가는 들어오고 싶어 한다. 아무도 투자하지 않는 곳이기 때문에 전세 매물이 있을 리가 없다. 그러면 매도할 때는 어떨까? 아무도 투자하지 않았기 때문에 일반세율이 되는 2년 뒤에도 매도 경쟁이 없다. 매매 매물도 많지 않기 때문에 팔릴 만한 가격에 내놓으면 내 매물이 빛이 난다. 그래서 내 매물 차례가 되면 팔려서, 의외로 환금성이 뛰어나다. 안 오르지 않냐고? 그렇지 않다. 강남이 먼저 치고 나가고 뒤따라서 후발주자로 오르는 곳들이기 때문에 상승을 확정받고 투자하는 안전한 투자가 될 수 있다. 지나고 보면 상승률은 비슷하다.

이렇게 투자자들이 들어오지 않은 '청정'구역은 강남구 같은 곳이 아니라 금천, 관악, 구로, 마포, 중구, 강동 같은 투자 비선호 지역이다. 이런 곳들의 특징은 투자금이 적게 들어서 수익률 관점에서도 뛰어나다. 쉽게 말해 갭이 거의 없거나 플러스피인데, 상승률은 서울 평균과 비슷해 투자 수익률이 뛰어나다. 또 하나 차이점은 오피스텔 한 채의 금액이 1억 5,000만 원에서 2억 원 이하로 절대 금액이 저렴하다. 절대 금액이 저렴하다는 것은 구할 수 있는 전세 임차인의 범위도 폭넓고, 소액 투자자까지 유혹할 수 있다. 뒤에서 다루겠지만, 많은 공적 전세자금 대출이 '2억 원 이하 전세'에 집중되어 있다. 그래서 금리 인상기에도 전세 임차인들의 인기가 좋다. 반면, 강남역 인근 오피스텔은 전세보증금이 2억 5,000만 원에서 3억 원 사이이므로 중기청 대출이나, LH 전세보증금 대출의 지원대상조차 되지 않는다. 또한, 저가 오피스텔들은 전세 만기가 되어서 돌려줘야 할 돈의 액수도 적기 때문에 1억 5,000만 원 정도의 적은 현금을 갖고도 여러 채를 운용할 수 있다. 양도세 측면에서도 연도를 나누어서 팔게 되면 양도소득세를 절세할 수 있다.

결정적으로 같은 투자금으로 적은 갭의 상품을 여러 채 사다 보면, 순자산은 그대로이지만, 총자산의 크기를 키울 수 있다. 총자산이 커진 상태에서 인플레이션이 온다면, 더 큰 폭의 자산상승이 이뤄진다. 예를 들어, 투자금 3,000만 원으로 3억 원짜리 강남 오피스텔 1채를 매수하는 것보다, 750만 원씩 나누어서 1억 5,000만 원짜리 금천구 오피스텔을 무갭으로 취득세만 내고 4채를 샀다고 하자. 물가 상승이 5%가 이뤄진다면 강남 오피스텔 투자자는 1,500만 원이 오르지만, 금천구 오피스텔 투자자는 3,000만 원이 오르게 된다. 물가 상승의 파도를 복리로 따지게 되면 그 차이는 엄청나게 된다. 하급지 오피스텔이 더 안전한 투자인데, 총자산은 훨씬 커지는 장점이 있다. 그래서 부린이들에게 총자산의 크기를 키우는 데 집중하라고 권한다.

이런 투자 성향은 개인적인 것일 뿐 정답은 아니다. 여러 투자자를 만나면서 느낀 것은 각자의 매수 이유가 있고, 자신들이 생각하는 정답에 맞는 투자를 한다. 돈은 좀 들더라도 안전한 투자를 1채만 하고 싶은 사람도 있고, '강남'이라는 가치를 믿고 투자하는 사람도 있다. 참고로, 필자도 강남을 엄청나게 좋아한다. 오해 마라. 1년만 일찍 오피스텔에 투자했다면 갭이 적은 강남에 가장 먼저 했을 것이다. 같은 투자금이라면 상급지에 하는 것이 더 낫다.

Part 7.

오피스텔 대출
뽀개기

오피스텔 대출은
얼마나 나올까?

오피스텔은 주택이 아니다. 그래서 주택담보대출의 규제를 피해가기도 하고, 때로는 포함되기도 한다. 이번 장에서는 대출의 기본원리에 대해서 설명하고, 어떻게 하면 대출 한도를 높여서 잘 받을지에 대해서 알아보고자 한다. 갭 투자를 할 때 대출을 받을 일은 거의 없지만, 만약의 경우를 대비하는 차원에서 알아두면 좋고, 순수하게 월세 투자를 할 때도 잘 알고 있어야 한다. 다만, 다음의 내용은 2022년 8월 기준으로 작성된 것이다. 대출 규제 등으로 변동될 수 있으니 실제 대출을 받는다면 미리미리 상담받아 보시길 권한다.

모든 담보대출은 다음과 같은 방법으로 한도금액이 상정된다.

담보대출 한도 = 담보 감정 가치 × LTV(담보비율) - 최우선변제금

2억 원짜리 서울 주거용 오피스텔을 70% LTV로 대출받는다고 가정해보자. 2억 원의 70%인 1억 4,000만 원에서 서울의 최우선 변제금액인 5,000만 원을 제하면 9,000만 원이 대출 가능 한도다. 생각보다 적지 않은가? 이유는 최우선변제금 때문이다('방공제(방빼기)'라고도 불린다.). 보증금을 떼어먹히는 임차인을 보호하기 위한 목적으로 전입만 되어 있으면 최우선으로 5,000만 원까지는 변제하게 되어 있다. 경매로 낙찰되면 은행은 그만큼 환수할 수 없기 때문에 처음부터 빼고 대출해준다. 실무적으로 주거용 원룸 오피스텔 매매가의 50%라고 생각하면 계산이 편하다.

주거용이 아니라 업무용이라면 최우선변제금의 기준이 달라진다. 요건은 다르지만, 어쨌든 우리는 대출에 필요한 최우선변제금액만 알고 있으면 된다.

2022년 기준 최우선변제금액	주거용	업무용
서울	5,000만 원	2,200만 원
수도권	4,300만 원	1,900만 원
광역시	2,300만 원	1,300만 원

2억 원짜리 서울 업무용 오피스텔을 80% LTV로 대출받는다고 가정해보자. 2억 원의 80%인 1억 6,000만 원에서 서울의 최우선 변제금액인 2,200만 원을 제하면 1억 3,800만 원이 대출 가능한 한도다. 주거용보다 10%p LTV를 더 준 경우는 실부에서 보통 저만큼 나오기 때문이다. 확실히 최우선변제금액이 전체 금액에서 차지하는 비중이 작으므로

대출 한도도 많이 나온다. 실무적으로 상가로써 오피스텔 대출은 60% 정도라고 보면 무난하다. 그래서 지인들이 원룸 오피스텔 대출 한도를 물어보면 "대충 50~60% 징도야"라고 대답한다.

이런 최우선변제금을 공제하지 않는 방법은 MCI, MCG라는 모기지 신용보증, 보험상품을 사용하는 것과 신탁 담보대출이 있다. 대중적으로 취급하지는 않지만, 한도가 가장 많이 나오는 대출이니 대출상담사에게 살짝 물어보자. 필자도 최근에 경매 낙찰 건을 방공제 없는 신탁대출로 80% 한도로 받은 경험이 있다. 그리고 소득이 없는 전업주부도 신용카드가 있다면 담보대출을 받을 수 있다. 배우자의 소득으로 증빙하거나, 신용카드 사용액으로 소비력을 추정해서, 이자를 지불할 능력이 된다는 것을 입증하면 된다.

같은 오피스텔을 놓고 주거용, 업무용 오피스텔 중 어느 기준에 맞춰서 대출을 받을 수 있는지에 대한 여부는 은행에서 판단한다. 시중은행마다 대출을 공격적으로 많이 해주는 곳이 있고, 보수적으로 해주는 곳이 있다. 투자자들은 대개 금리 0.1% 차이보다는 한도에 민감하다. 공부상 오피스텔은 업무용이지만, 싱크대가 있다고 무조건 주거용으로 보는 곳도 있다. 대출 신청인의 희망사용 용도에 맞춰서 대출을 해주는 곳도 있으니 금융사를 많이 알아볼수록 좋은 조건의 대출을 받을 수 있다.

부린이들이 가장 답답하게 느껴질 때가, 대출을 자기 집 앞에 있는 주거래 은행에만 알아보고 안 된다고 포기하고 좌절하는 경우다. 대출은 정말 끝까지 알아보고 골라서 선택해야 한다. 주거래 은행만 가지 말고 여러 금융사, 여러 지점을 모두 알아보는 것을 추천한다. 금융사마다 기준이 다 다르고, 지점마다 대부계 직원 성향, 지식도 모두 다르기 때문이다. 시간이 부족하다면 대출모집인을 이용하자. 대출모집인은 수많은 금융사와 연계되어 있고, 원하는 조건(한도, 금리, 부수 조건 등)을 제시하면, 시행착오 없이 바로 적절한 금융사를 연결해준다. 수수료는 없지만, 금리나 등기비용에서 눈에 안 보이게 지불하게 된다.

하지만 초보자들은 대출모집인을 어디서 구해야 할지 몰라서 막막하기만 하다. 필자는 경매 입찰도 자주 하는 편인데, 대출모집인을 구하려면 경매 입찰일에 경매 법정에 가라고 조언한다. 입찰하지 않아도 주변에서 서성거리면 대출이모들이 대출모집인 명함 200장 정도를 한 번에 주신다. 그냥 아무 곳에 전화해보고 몇 번 상담해보면 대출에 관해서 공부가 된다. 법원에 가기도 귀찮다면 네이버에 'OO지역 오피스텔 대출'이라고 검색하면, 대출모집인의 블로그가 수십, 수백 개가 뜬다. 대부분 홍보 글이지만, 이들이라고 다를 것은 없다. 온라인이라고 너무 의심하지 말고 일단 한번 연락해보자. 사기가 아닌지 걱정될 수 있지만, 대출모집인을 통해도 최종적으로 본인이 은행에서 은행원에게 받는 것이기 때문에 그럴 염려는 없다.

부동산을 레버리지 없이 투자하는 사람은 거의 없다. 부동산 고수가 되려면 세금에 이어서 대출제도도 꿰자고 있어야 한다. 똑같은 투자금을 쥐여줘도 고수는 30~40채를 사고, 하수는 1~2채밖에 못 산다. 수익률은 수십 배 차이가 난다. 대출도 공부하면 더 좋은 조건에 받을 수 있고, 틈새를 발견할 수 있다. 대출 규제로 돈이 궁했을 때, 최근에 경매 낙찰되어 대금납부된 물건들의 등기부등본끼지 모두 조회해본 적이 있다. "도대체 요즘 주택으로 어떻게 대출을 받지?" 깜짝 놀랐던 건 대전의 경매 물건이었는데, 전남 고흥군에 있는 지역농협에서 대출을 받은 것을 발견했다. 어떻게 대전 물건을 고흥 농협에서 받았는지 궁금해서 그쪽 대부계에 직접 전화를 걸어 방법을 물어본 적도 있다. 궁하면 통한다고 하지 않던가? 대출은 정말 알아보면 알아볼수록 좋은 조건이 계속 나온다.

그래서 투자자들끼리 모임이 있다면 대출 정보도 수시로 공유된다. "OO은행 XX지점에서 주택 규제임에도 불구하고 이런 방식으로 대출이 된다!", "최근에 전세 퇴거자금 대출을 OO방식으로 받았다. 한도는 얼마고 금리는 몇 퍼센트 정도 되더라." 대출을 잘 받기 위한 강의까지 존재할 정도다. 부동산 투자자들은 항상 대출 정보에 귀를 쫑긋 열고 있어야 함을 잊지 말자.

한도가 잘 나오는
사업자대출

의외로 가계대출과 사업자대출의 구분을 잘 모르는 사람들이 많다. 일반 직장인들이 보통 대출을 받으면, 신용대출이나 주택담보대출이 전부이기 때문인 것 같다. 앞서 이야기했듯이 오피스텔은 주거용이면서 동시에 업무용 사무실이기도 하다. 그래서 가계대출과 사업자대출의 차이점과 장단점을 잘 알고 있어야 자신에게 유리한 대출을 선택할 수 있다.

가계대출은 이름대로 개인, 가계에 빌려주는 속성의 자금이다. 대표적으로 신용대출과 주택담보대출, 전세대출 등이 있다. 개인의 신용, 그러니까 안정적인 소득에 비례해서 대출이 나온다. 사업자대출에 비하면 여러 가지 정책적인 지원도 많고, 금리도 저렴한 편이다. 국가에서는 가계대출의 부실은 서브프라임모기지지처럼 사회적 혼란을 일으킬 수 있기 때문에 그만큼 규제와 통제도 삼엄하다. 언론에서 발표하는 대부분의 주택담보대출규제는 이 가계대출에만 해당한다. DSR, DTI, LTV 제한이라던가, 다주택자는 아예 대출이 안 나오게 한다는 내용의 대출도 가계대출만 해당한다. 그래서 많은 실수요자가 대출이 막혀버리자 포기한 경우가 많았는데, 이는 사업자대출을 잘 몰라서 그렇다.

사업자대출은 대출의 대상이 '개인사업자' 또는 '법인'이다. 여기서 사업자란 임대사업자뿐만 아니라 모든 사업자를 이야기한다. 이들의 매출과 신용을 보고 대출을 해주는데, 마찬가지로 담보대출도 가능하다. 가계대출에 비하면, 체감상 금리가 0.5%p 정도 높다는 생각이 든다. 월급을 받는 직장인보다는 사업자대출이 더 리스크가 크다고 보는 것 같다. 직장인들은 사업자대출은 말 그대로 '사업하는 사람'만 받는 것으로 오해한다. 오피스텔로 '일반임대사업자'를 내도 사업자다(공무원도 가능하다고 본다. 많은 국회의원이 이미 하고 있지 않은가?). 사업자대출의 장점은 정부에서 규제하는 많은 주택 규제를 피해가고, DSR 등에 포함되지 않는 부채라는 점이다. 이유는 가계대출이 아니기 때문이다.

사업자대출은 스토리가 중요하다. 매출은 거의 없어도 사업자등록증만 있으면 받아주는 금융회사도 많다. 매출이 많으면 좋겠지만, '이런 담보로 어떠어떠한 사업 계획과 목적이 있어서 자금을 빌리고, 이자는 OO소득으로 내겠습니다'라는 내용의 스토리가 짜임성이 있어야 한다. 상가 건물을 리모델링하면서 갖고 있던 부산 해운대(규제지역) 아파트를 담보로 후순위 대출을 받은 적이 있다. 실제로 상가 건물을 리모델링하면서 리모델링 업체 측에서 받은 견적서를 갖고, 미리 상담받은 OO은행을 찾아갔다. 상가 건물이었기에 '일반임대사업자'가 있었고, 담보가 확실했다. 계약금을 입금한 서류까지 챙겨갔다. 은행원이 보기에 서류상 스토리가 완벽했기 때문에 약간의 운영자금까지 더해서 넉넉하게 대출을 받아서 사후 용도 증빙까지 했던 경험이 있다.

은행원들도 공무원처럼 매우 보수적이어서 금융위원회의 감사를 받으면 무엇이라도 제시할 근거가 필요하다. 스토리를 잘 꾸밀 수 있다면 뭐든 좋다. 예를 들면 가죽공방을 운영하는 자영업자가 새로운 공방을 오픈할 목적으로 오피스텔을 매입하면서 담보대출을 받는다면 이것도 훌륭한 스토리다. 매출이 없어도, 앞으로 이런 사업 계획을 세워서 시설자금으로 대출을 받는 것도 방법이다. 뭐가 되었든, 누가 봐도 스토리상 짜임새가 있으면 된다.

가계대출은 DTI, DSR 규제가 있지만, 임대사업자는 RTI 규제라는 게 있다. 이는 이자상환비율(Rent to Interest)은 연간 부동산 임대소득을 이자 비용으로 나눈 것이다.

RTI = 연간 부동산 임대소득 ÷ 연간 이자 비용

주택은 RTI가 1.25배, 비주택은 RTI가 1.5배가 넘어야 대출 승인이 떨어진다. 이를 맞추는 방법은 연간 부동산 임대소득을 높게 감정받거나, 연간 이자 비용을 낮추는 방법이 있다. 금리가 올라가면 자연스레

RTI가 낮아지므로 대출 한도를 줄여서 RTI 규제에 맞춰야 한다. 요즘 같은 금리 인상기에는 오히려 대출 한도가 줄어든다. 다음 자료는 지금 까지의 내용을 간략하게 정리한 것이다.

구분	가계대출	사업자대출
주체	개인, 가계	사업자, 법인
금리	저렴한 편	+0.5%p 정도 높음
한도	대략 50~60%	대략 60~80%
주택 규제	적용	회피 가능
적용 규제	DTI, DSR	RTI

참고로 오피스텔은 대출에서도 '비주택' 장점을 톡톡히 누릴 수 있다. 규제지역 내에서 주택은 LTV가 전혀 안 나오던 시절에도 오피스텔은 비주택이어서 80%까지 받을 수 있었다. 그래서 아파트 상승장의 후반 에는 주택 규제가 많아서, 아파텔이 반사효과로 수요가 쏠린다. 생긴 것 은 아파트랑 비슷한데, 대출이 더 잘되니 실수요자들의 선택을 받는다. 오피스텔은 비주택이어도 가계대출로 받으면 한도가 줄어들고, 사업자 대출로 받으면 한도가 늘어난다.

사실 이렇게 대출 편을 따로 다루지만, 필자는 오피스텔은 경매 낙찰 할 때만 대출을 받는다. 그 이유는 전세대출은 모든 규제가 없기 때문이 다. 갭 투자를 하면 임차인의 전세대출 레버리지를 이용할 수 있고, 공 적기금이 투입되어서 금리 또한 매우 저렴해서 전세보증금이 높아도 임 차인들의 인기가 좋다. 어렵게 DSR, RTI를 따지지 않고, 아무런 규제가 없는 임차인의 전세 레버리지를 빌려서 갭 투자하는 방식을 제일 선호한다. 그럼에도 불구하고 담보대출에 관한 내용 정도는 알고 있어야 갭 투자할 때 마음이 든든하다.

무갭 투자하려면
전세를 공부해야 한다

갭 투자의 생명은 전세 레버리지를 활용하는 것이다. 지피지기백전불태라고, 임차인의 전세제도를 알아야지만 원하는 조건대로 매물을 내놓아 전세를 빨리 맞출 수 있다. 오피스텔의 전세가율이 높은 이유는 국가에서 지원해주는 여러 정책 기금들로 인해 임차인의 부담이 없다 보니 경쟁적으로 전세 매물을 찾아서 그렇다. 지금부터 보증보험과 전세대출에 대해서 알아보고, 이에 맞춰서 전세 매물, 갭 투자를 세팅하는 방법을 살펴보겠다. 다만, 다음 내용은 2022년 8월 기준으로 작성되어 언제든지 바뀔 수 있음을 미리 알려드린다.

보증보험은 크게 3가지 종류가 있다. 한국주택금융공사(이하 HF), 주택도시보증공사(이하 HUG), 그리고 민간에서 운영하는 서울보증보험(SGI)이 있다. 이 중 가장 인기 있는 것은 HUG에서 출시한 '전세보증금반환보증'이고, 오피스텔에서 서울보증보험을 이용하는 임차인은 드물어서

HF와 HUG의 보증보험만 살펴보자.

HUG 보증보험의 특징은 중소기업취업청년 대출(이하 중기청 대출)이나 HUG의 안심전세대출에서 이용 가능한 보증보험이라는 점이다. 즉, 안심전세대출을 받으려면 HUG의 보증보험가입도 의무다. 공적 대출이기 때문에 금리도 시중은행 전세대출보다 확연히 저렴하고, 한도도 4억 원 정도여서 임차인들은 HUG 안심전세대출만 되는 매물만 찾는다. 그러므로 당연히 HUG보증보험 가입이 되는 가격대에 매물을 내놓아야 바로바로 나간다. HUG에서는 오피스텔의 보증 한도를 다음과 같이 명시해놨다.

HUG 오피스텔 보증 한도 산정기준(순서대로 적용)
1. KB시세 하한가(하위평균가) 또는 한국부동산원 시세
2. 국세청 홈택스에 공시하는 가격의 150%(2022년 9월 1일, 140%로 낮추는 정책 발표)에 해당하는 금액

쉽게 이야기하면 KB부동산(http://kbland.kr)에서 매주 발표하는 'KB시세 매매가의 하한가(하위평균가)'까지 보증하고, KB시세가 없는 오피스텔이라면 공시가격 150%(2022년 9월 1일, 140%로 낮추는 정책 발표)까지 보증한다. 가산센트럴푸르지오시티의 오피스텔과 동대문와이즈캐슬 오피스텔을 예로 들어보자.

가산센트럴푸르지오시티는 KB시세가 존재하기 때문에 1번에 해당하는 KB시세 매매가의 하위평균가인 1억 4,300만 원이 HUG보증보험의 최대한도가 된다. 반면에 동대문와이즈캐슬을 오피스텔은 아예 KB시세가 없는 오피스텔이므로, 2번에 해당하는 국세청 공시가격의 150%가 보증 한도가 된다. 다음은 국세청 홈페이지에서 조회한 공시가격인데, 1억 9,490만 원으로 계산된다(3,213,000원/㎡ × 40,440㎡ × 150%). 공교롭게도 두 오피스텔의 시세는 1억 5,000만 원 정도로 동일하다. 오히려 대단지인 가산센트럴푸르지오시티의 KB시세가 있다 보니, 보증 한도가 더 적게 나오는 역전현상이 있다. 오히려 공시가격으로 봤을 때 보증 한도가 더 높아지니, 그만큼 서울 오피스텔 시세 자체가 실제 가치 대비 저렴하다고 볼 수도 있겠다.

HF의 보증보험에 대해서도 알아보자. HF 상품의 특징은 카카오뱅크 청년전세대출에서 많이 쓰인다는 점이다. 카카오뱅크는 무직자도 대출한도 1억 원까지 가능하고, 저렴한 금리와 대출 신청의 간편함 때문에 MZ세대들에게 인기가 좋다. HUG와의 차이점은 오피스텔 보증 한도가 KB시세 하한가가 아닌, 'KB시세 일반평균가'라는 점이다. KB시세가 없다면, 마찬가지로 공시지가의 150%가 보증 한도가 된다. HF의 최대 장점은 HUG와 달리 임대인이 법인이어도 보증보험가입이 가능하다는 점이다. 반대로, HUG와는 달리 보증금액이 2억 원까지인 단점이 있다. 이어서 다룰 중기청 대출에서도 HUG는 100% 한도, HF는 80% 한도밖에 안 나온다는 차이점이 있다.

일부 공격적인 투자자들은 오히려 KB시세가 없는 오피스텔을 선호하기도 한다. 그 이유는 공시지가의 150%가 보증보험 한도가 더 높게 나오기 때문에 플러스피나 무갭 투자가 가능하기 때문이다. 필자도 보증보험가입이 되는 갭 투자를 권유한다. 공인중개사, 임대인, 임차인 모두에게 부담이 되지 않기 때문이다. 임차인은 만기일에 보증보험사로부터 보증금을 받고 나간다. 실전에서는 임차보증금을 며칠 정도는 내어주지 않아도 보증보험사 담당자와 협상을 통해 지연이자를 주고 반환하는 것도 가능하니 마음 편한 투자가 된다. 그러나 요즘 깡통전세가 사회적 문제가 되고 있기에 보증보험가입이 된다고 해도 조건 없는 플러스피 투자는 지양하자고 말하고 싶다. 인위적으로 끌어올린 전세보증금은 2년 뒤에 독이 된다. 다음 임차인을 구하는 데 애먹을 수도 있고, 임차인에게 전세보증금 일부를 돌려줘야 하는 상황이 생길 수도 있다. 그러니 주변 시세에 발맞춰 전세 매물을 내놓는 것이 장기적인 관점에서 바람직하다.

임대인이
전세대출까지 알아야 해?

보증보험을 이해했으니 본격적으로 전세대출 제도를 알아보자. 선호도가 높은 순서대로 나열하면 중소기업취업청년대출(이하 중기청 대출), LH 청년전세대출, HUG안심전세대출, 카카오뱅크 전세대출, 버팀목 전세대출, 서울시 청년임차보증금대출이 있다. 이 대출의 내용을 모두 이해하면, 필자가 왜 1억~2억 원 구간의 저가 오피스텔을 집중 매수했는지 알 수 있다. 다만, 2022년 8월 기준이므로 변동사항이 있는지 투자 전 체크해보자.

중기청 대출

주택도시기금에서 주관하는 중기청 대출은 대출 한도가 1억 원, 금리가 1.2%다. 만약 HUG보증보험 가입이 되는 1억 원짜리 중기청 100% 한도 전세 매물을 구할 수 있다면, 월 10만 원의 주거비용으로 거주할 수 있으니 저가 오피스텔은 인기폭발이다. 대출 대상과 대출 조건은 다음과 같다. 부동산 직거래 카페인 피터팬 카페에도 중기청 대출이 가능한 매물이 가상 문의가 많다.

대출 대상 및 주택	대출 조건
- 소득 3,500만 원 이하(1인 가구), 순자산 3.25억 원 이하 - 중소, 중견기업 재직자 또는 청년 창업자 - 총전세보증금 2억 원 이하	- 대출 한도 1억 원, 금리 1.2% - 전세보증금의 100%(HUG), 80%(HF)

중요한 점은 2억 원 초과 전세 매물은 아예 대출 대상이 되지 않는다는 점이고, 최대한도도 1억 원까지인 점이다. 그래서 많은 임차인은 가성비 있는 구간을 찾아내서 1억~1억 2,500만 원 정도의 전세 매물을 선호한다. 중기청 대출로 100%, 80%까지 진행 가능한 범위기 때문에, 부족한 2,500만 원 정도는 신용대출이나 마이너스 통장으로 메꾸면 정말 저렴하게 좋은 방을 얻을 수 있다.

LH 전세대출

LH에서 주관하는 청년전세임대대출은 중기청보다는 대출 한도가 높다. LH와 임대인이 정해진 계약서 양식으로 계약한다. 작성할 게 좀 많아서 팔이 아프다는 점 외에는 크게 차이점이 없다. 그러나 일부 선입견을 가진 임대인들이 LH 임대 임차인을 안 좋은 시선으로 바라보다 보니 LH 전세대출이 가능한 매물이 많지 않아 오히려 내세울 점이 된다. LH 전세대출도 가능하다는 점을 적극적으로 홍보하면 투자가 쉬워진다.

수도권은 1억 2,000만 원까지 지원(대출)하고, 전세금의 총액은 이것의 153%이니 1억 8,360만 원 이하 전세 매물만 가능하다. 금리도 중기청 못지않게 저렴한 편이어서 임차인들의 선호도가 높다. 그래서 1억 원 중반대 전세 매물이라면 LH 전세대출 가능 여부 문의가 아주 많다. 또 하나 차이점은, 임차인의 신용으로 보증금을 내는 것이 아니라 LH로부터 보증금이 나오는 것이기 때문에 보증보험가입 여부가 아무런 상관이 없다. LH는 KB시세는 보지 않고, 전세보증금이 공시지가의 153% 이내 범위이면서 동시에 1억 8,000만 원 이하이면 가능하다. 그래서 보증보험가입 가능한 금액을 초과해서 매물을 올려도 LH 전세대출이 가능하다면 계약이 잘되는 편이다. 앞서 예로 든 가산센트럴푸르지오시티는 KB시세 하위평균가인 1억 4,300만 원까지만 중기청 대출이 가능하다. 하지만 LH 전세대출로는 공시지가 1억 1,000만 원의 153% 이내에만 들어온다면 1억 6,000만 원이 넘어도 가능하다. 이 점을 노리고 고가의 전세로 플러스피를 내는 투자자도 있다.

중기청 대출과 LH 전세대출의 작은 차이가 있는데, 중기청은 등기부등본상 권리하자(근저당, 압류, 임차권 등기 등)가 있어도, 그러니까 대출이 있어도 잔금일 날 말소하는 조건으로 진행할 수 있다. 반면에 LH 전세대출은 근저당이 있으면 잔금일 14일 전에 말소가 되어야 진행할 수 있다. 미리 LH 전세대출 가능 여부도 매수 계약 전에 체크해보자. 그리고 중기청 대출은 전세 계약을 '매수자'와 체결해도 인정을 해주지만, LH는 등기부등본상 현재 소유자와만 체결할 수 있기 때문에 상대적으로 진행이 까다롭다.

HUG 안심전세대출

주택도시보증공사(HUG)에서 출시한 전세금안심전세대출은 줄여서 'HUG 안심전세대출'이라고 보통 부른다. 이 대출의 특징은 전세대출과 더불어 HUG보증보험까지 함께 진행되기 때문에 임차인들이 말 그대로 깡통전세로부터 '안심'할 수 있는 전세대출이다. 보증보험가입이 되어야 전세대출이 나가기 때문에 가입조건이나 주택가격 산정기준도 HUG보증보험과 동일하다. 앞서 HUG보증보험은 주거용 오피스텔은 매매 KB시세의 하한가를 적용하고, KB시세가 없다면 공시지가의 150%를 적용한다고 이야기했다. 이 조건을 만족하면 HUG에서 전세대출에 대한 보증서를 발급해 시중은행에서 대출을 받는 형태다.

대출 대상 및 주택	대출 조건
- 수도권 7억 원 이하, 그 외 5억 원 이하 - 주거용 오피스텔, KB시세 하한가 금액 이하 (KB시세 없다면 공시지가 150% 내) - 대출 대상의 별도 기준 없음	- 전세보증금의 80~90% 내 한도 - 시중은행 금리

중기청, LH 전세대출이 사회적 약자를 위한 제도라면 HUG 안심전세대출은 누구나 받을 수 있는 대출이고, 한도도 높은 편이다. 하지만 HUG는 보증만 서는 것이고, 실제 대출은 시중은행에서 받는 것이어서 비교적 금리가 높다는 점이 차이점이다. 중기청과 LH 전세대출의 조건이 워낙 까다롭기 때문에 보증금이 2억 원이 넘어가면 가장 선호되는 대출이 HUG 안심전세대출이다. 특히 전세보증금 반환 보증보험가입도 의무이기 때문에 임차인들의 선호도가 높으니 전세 매물을 내놓을 때 KB시세 하한가를 기준으로 내놓으면 바로바로 나간다.

카카오뱅크 전월세보증금대출

카카오뱅크 (청년)전월세보증금대출은 공적 대출이 아니고, 민간은행의 전세대출 상품이지만, 모바일 접근성을 높여서 20대 임차인들에게 인기가 좋은 상품이다. 은행에 가지 않아도 스마트폰만 있으면 퇴근 시간 이후에도 신청할 수 있다. 심사도 빠르게 진행되어서 기존 대출 상품과는 다르게 간편해서 인기가 좋다. 놀라운 점은 만 19~34세 청년이라면 소득이 없어도 신청할 수 있다.

대출 대상 및 주택	대출 조건
- 근로소득자, 사업소득자, 만 34세 이하(무소득자 포함) - 무주택자, 일정 소득 이하일 것 - 수도권 7억 원 이하 주택, 주거용 오피스텔(법인 불가)	- 청년 상품 : 보증금 90% 내 최대 1억 원 - 일반 상품 : 보증금 80% 내 최대 2.22억 원 - 금리 3% 초중반(COFIX 연동)

대출 상품안내에 '한국주택금융공사(HF)'의 주택금융신용보증서 발급이 가능한 고객'이라고 명시되어 있지만, 보증금의 한도에 대해서는 구체적으로 적혀 있지 않다. 고객센터에 문의해보니 별도의 보증 한도를 정해 놓은 것은 없다고 한다(매매가를 넘은 전세가도 된다는 이야기). 얼마까지 전세대출이 가능한지 여부는 명확하게 나와 있지 않고, 대출 시 신용보증서를 HF를 사용하는 것만 알 수 있다. 따라서 보증보험은 따로 가입해야 하는 상품이다. 필자의 경험상 2억 원에서 3억 원 구간 전세를 이용하는 임차인들이 카카오뱅크 전세대출을 애용했고, 매수자와의 전세계약서로 대출 신청이 가능했다.

버팀목 전세대출

주택도시기금에서 중기청 대출과 함께 운영 중인 버팀목 전세대출 상품은 청년 전용과 일반상품으로 나뉘어 있다. 기존에는 청년 전용 상품은 한도가 7,000만 원이라 인기가 많지 않았지만, 2022년 7월 말 발표된 내용에 따르면 앞으로 대출 한도가 최대 2억 원까지 올라간다. 1억 원 초중반 매물이 중기청, LH 전세 수요자로부터 인기가 많았다면, 2억 원 이하까지는 버팀목 전세대출을 애용할 것으로 보인다.

대출 대상 및 주택	대출 조건
- 만 19~34세 이하 무주택 세대주 - 총 소득이 5,000만 원 이하 - 수도권 7억 원 이하 주택, 주거용 오피스텔(법인 불가)	- 청년 상품 : 보증금 90% 내 최대 7,000만 원 - 일반 상품 : 보증금 80% 내 최대 1억 2,000만 원 - COFIX금리 연동

서울시 청년 임차보증금 지원 사업

잘 알려지지 않은 서울시 지원 전세대출 상품으로, 한도가 7,000만 원(임차보증금의 90% 이내)으로 적은 편이다. 서울시 관내 위치한 주택, 주거용 오피스텔이 가능하며, 별다른 조건은 없고 만 19~39세 이하이며, 연소득 4,000만 원 이하 무주택 세대주인 근로자 또는 취업준비생이라면 가능하다. 신혼부부 임차보증금 지원 사업은 한도가 2억 원으로 훨씬 높은 편이다. 이 대출의 장점은 시중은행 금리에서 2.0%p를 서울시에서 부담한다는 것이다. 예를 들어 하나은행의 전세대출 금리가 대략 4.0%라면 7,000만 원에 대한 월 이자 230,000원 중 절반인 115,000원을 서울시에서 부담한다. 이자 지원이 상당하지만, 청년에게는 7,000만 원이라는 적은 한도 때문에 오피스텔 임차인보다는 다세대주택 임차인들인 신혼부부들이 2억 원 한도로 이용하는 경우가 더러 있었다.

　많은 내용이 들어와서 혼란스러운 독자분들을 위해 요약하자면, 최우선으로 투자해야 할 단지들은 KB시세 매매 하한가가 전세 시세와 비슷하게 잡혀 있어서 투자하기 좋은 단지다. 보증보험가입이 되면 여러 대출도 가능해지기 때문에 임차인들에게 인기가 좋다. 1억 원 초중반 전세 매물이 인기가 가장 좋은 이유는 중기청, LH 전세대출까지 가능하기 때문이다. 그게 아니라면 공시지가 150%가 전세 시세와 얼마 정도 차이가 나는 지도 확인해봐야 한다. 다음 순서대로 전세 빼기가 쉬우니 참고하자.

1. KB시세 있는 1억 원 초중반 전세 매물
2. KB시세 있는 2억 원 이하 전세 매물
3. KB시세 없는 1억 원 초중반 전세 매물
4. KB시세 없는 2억 원 이하 전세 매물

　그래서 필자는 전세를 신속하게 빼기 위해 KB시세가 있는 대단지 1억 원 중반대 오피스텔을 많이 매수했다. 많은 분량을 할애해서 전세대출 제도를 길게 서술했는데, 오피스텔 투자자가 이런 것까지 알아야 하나 의구심이 드는 독자분들도 있을 것이다. 우리는 전세 레버리지를 활용해서 갭 투자를 하는 것이기 때문에 반드시 전세대출 제도를 줄줄 꿰고 있어야 한다. 그래야 처음부터 올바른 오피스텔을 매수하면서 최대의 레버리지를 활용할 수 있다. 특히나 대출제도를 꿰고 있으면 공인중개사와 이야기가 더 쉽게 잘 통하고, 임대인과 임차인 간 협조할 사항들도 빠르게 진행된다.

복잡하고 재미없는 내용이지만 꼭 숙지하자. 보증보힘도 가입되게끔 하면서 전세대출 레버리지도 극대화해 임차인, 공인중개사, 임대인 모두가 만족하는 투자를 하자.

2023년 1월, 정부에서는 빌라왕으로 인한 피해가 속출하자 관련 규정을 바꾸었다. HUG에서는 전세 보증금이 주택가격의 90% 이내인 경우에만 최대 90%까지 대출 보증을 하고, 그렇지 않은 경우 최대 60%까지만 대출 보증을 한다. 그리고 KB시세가 없는 경우에는 주택가액을 153%로 잡던 것을 140%로 축소시켜버려서 KB시세가 있는 것이 유리해졌다. 2023년 5월부터는 HUG보증금 반환보증도 전세가율 90%인 경우에만 가능하다고 하니, HF 보증서를 적극 활용하는 것이 좋다.

Part 8.

오피스텔 세금은 카멜레온

오피스텔 투자,
취득세의 비밀

오피스텔은 단일세율로 4.6%다. 문제는 주거용 오피스텔 보유가 주택 취득세에 영향을 미치는 경우다. 이 책을 쓰는 시점에서 7·10 대책으로 인해 주택 투자의 최대 허들은 취득세 중과다. 다음 자료를 살펴보자.

주체	주택 수	조정지역 주택	비조정지역 주택	오피스텔
개인(1세대)	1주택	주택 가액에 따라 1~3%		4.6%
	2주택	8%	1~3%	
	3주택	12%	8%	
	4주택 이상	12%	12%	
법인		12%		

조정지역에 10억 원짜리 주택을 살 때 3주택자가 되면, 취득세가 1억 3,000만 원가량이 나오니 까딱 잘못하면 몇 년 치 연봉이 날아가는 셈이다. 따라서 오피스텔을 투자하는 것은 좋지만, 독자분들이 나중에 주

택을 구입할 계획이 있다면 오피스텔 매수 단계에서 구청 취득세과 등에 미리 상담받으시길 바란다.

오피스텔의 최대 장점은 무주택자, 1주택자, 다주택자, 법인이 매수해도 취득세가 4.6%로 고정되어 있다는 점이다. 예전에는 취득세가 높다고 천대받았지만, 지금은 상황이 180도 달라졌다. 서울의 중위 아파트 가격이 15억 원이나 되니, 살 만한 아파트는 3.3%의 취득세를 적용한다고 봐야겠다. 또, 다주택자와 법인들이 12%의 취득세를 내고 투자하기 힘들어지니 이제 오피스텔 4.6%의 취득세는 저렴해보이기까지 한다(단, 과밀억제권역 내에 법인을 설립한 지 5년 이내의 법인이 대도시 내의 부동산을 취득하는 경우 취득세가 8% 중과된다. 법인설립을 과밀억제권역이 아닌 곳에 하자).

문제는 7·10 대책에서 '주거용 오피스텔'을 2020년 8월 12일 이후에 취득한 경우에는 취득세 주택 수 판단 시에 포함한다는 것이다. 즉, 주거용 오피스텔을 먼저 취득하고 나서 서울에 10억 원짜리 아파트를 샀다가는 8,000여만 원의 취득세를 적용받게 된다. 반대로, 10억 원 아파트를 먼저 매수하고, 주거용 오피스텔을 살 때는 아파트의 취득세는 3,000여만 원으로 확 줄어든다. 매수의 순서를 달리함에 따라서 1년 치 직장인 연봉이 왔다 갔다 하니 신중히 투자해야 한다. 제일 좋은 방법은 다음의 순서대로 사는 것이다.

규제지역 주택 매수 → 비규제지역 주택 매수 → 오피스텔 매수
(모두 취득세 중과 없음)

그러면 취득세를 부과할 때 '주거용 오피스텔'의 정의는 무엇일까? 이는 지방세법 제13조의 3 제4항과 지방세법 제105조에 정의되어 있다.

<지방세법>
제13조의 3(주택 수의 판단범위) 제4항
제105조에 따라 주택으로 과세하는 오피스텔은 해당 오피스텔을 소유한 자의 주택 수에 가산한다. [본조신설 2020. 8. 12.]

제105조(과세대상)
재산세는 토지, 건축물, 주택, 항공기 및 선박을 과세대상으로 한다.

간단하게 말하면, 매년 7월에 받는 '재산세 고지서'에 '주택'이라고 적혀 있으면 주거용 오피스텔로 보고, 취득세 납부 시 주택 수에 포함하겠다는 것이다(비주거용 오피스텔은 건축물, 토지로 표시된다). 매수 이전의 상태에 있다면, 구청 재산세과에 전화해서 해당 부동산 주소를 이야기하면 주택 과세 여부를 알 수 있다.

취득세에서 또 하나 주의해야 할 점은 '세대분리' 여부다. 20대 투자자가 세대분리가 안 된 채로 '주거용 오피스텔'을 매수하면, 세대원이 규제지역 주택을 매수하면 취득세 중과 대상이다. 세대분리는 단순히 주민등록등본이 다른 곳에 전입시키는 것을 의미하지 않는다. 부부이면 등본상 같이 있지 않아도 같은 세대에 속해 있다고 본다. 또한, 30세 미만, 미혼자녀는 소득을 증빙하기 어렵다면, 같은 세대에 속해 있다고 간주한다. 도대체 무슨 소리인지 모르겠다면, 다음의 예시를 보자.

- 엄마 + 아빠 → 1주택자
- 20살 대학생 아들, 주거용 오피스텔 작년에 몰래 갭 투자
- 23살 대학생 딸, 용인시 처인구 아파트 매수를 한다면 취득세는?

정답은 2주택자로서 비규제지역 주택을 매수하므로 8%다. 그 이유는 세대분리가 안 된 20살 대학생 아들이 주거용 오피스텔을 매수했기 때문에 취득세 납부 시 주택 수에 산정된다. 이때, 엄마, 아빠 소유의 주택을 비과세인 줄 알고 매도했다가는 다주택 세대로 수억 원의 양도세를 내야 할 수도 있다. 이를 예방하려면 가족 간에도 숨기는 재산이 없어야겠다. 만약 미혼의 젊은 투자자라면 매수 계약 전에 구청 취득세 담당자에게 세대분리 요건에 대해 문의하자.

정리하자면, 오피스텔은 4.6%로 단일세율이지만, 이보다 중요한 것이 나중에 매수할 주택이 있다면 주택 수를 잘 관리해야 한다. 무주택자라면 오피스텔보다도 빌라, 아파트에 투자하고 나서 오피스텔을 투자해도 늦지 않다. 그리고 나중에라도 주택을 매수할 계획이 있다면 반드시 '재산세 고지서'에 '주택'이라고 표시되지 않는 오피스텔에 투자하자. 그리고 자녀 명의로 오피스텔을 매수한다면, 반드시 자녀 세대분리를 먼저 하자.

오피스텔 보유세의
비밀

이번에는 오피스텔 보유세 이야기를 해보려고 한다. 일반적으로 부동산 보유세는 재산세와 종부세를 말한다. 이름 그대로, 수익이 나지 않아도 보유만 하고 있으면 매년 내야 하는 세금이다. 2021년 연말의 부동산 화두는 종부세였다. 많은 다주택자와 고가주택 소유주들의 앓는 소리가 여기저기서 터져 나왔다. 부동산 커뮤니티 이곳저곳에서 종부세 때문에 지방 아파트나 소형 오피스텔을 정리하고 싶다는 글들이 많았다.

먼저 재산세부터 살펴보면, 오피스텔은 주거용 재산세 또는 업무용 재산세로 과세가 된다. 주택은 국민 필수재 성격을 지녔기 때문에 상대적으로 재산세가 저렴하다. 반면에 업무용 재산세는 체감상 6~7배는 더 나오는 것 같다. 업무용 재산세는 건축물분은 7월, 토지분은 9월 이렇게 2번에 걸쳐서 내기 때문에 왠지 세금을 또 내는 것 같은 기분(?)도

든다. 그렇다면 업무용 재산세가 더 많이 나오니까, 주거용 오피스텔로 변경신고를 해야 할까? 예전에 나이 드신 소유주들은 그랬다고 한다. 그러나 다음의 내용을 읽어보면 그런 생각이 사라질 것이다.

기존 오피스텔 투자자들만 아는 공공연한 비밀인데, 실제 전입해서 주거용으로 사용하더라도 재산세가 '업무용'으로 부과된다면 종부세에서 주택으로 포함되지 않는다. '카더라'만 믿고 어떻게 오피스텔을 매수하냐고 반문할 수도 있다. 이미 필자는 지자체에도 여러 번 문의하고, 여러 세무서에서 문의하고 내린 확실한 결론이다. 왜냐하면, 종부세 관련 법령에 명확하게 나와 있기 때문인데 다음을 잘 살펴보자.

종합부동산세법
제7조(납세의무자)
① 과세기준일 현재 주택분 재산세의 납세의무자는 종합부동산세를 납부할 의무가 있다.

너무 짧은 한 줄이지만, 내포하고 있는 의미는 강력하다. 여기서 말하는 과세기준일은 6월 1일을 뜻하며, 재산세상 '주택분'인 납세의무자에게만 주택분 종부세에 포함하겠다는 내용이다. 종합부동산세법에 명확하게 정의되어 있기 때문에 재산세 고지서가 '업무용'으로 나오는 오피스텔은 전입이 되어 있든 말든, 주택분 종부세에서 제외된다. 법령이 그렇다.

재산세는 지방세여서 지자체(구청)에서 관리하지만, 종부세는 국세다. 그러다 보니 동일한 전산시스템은 아닐 것이라고 추정된다. 지자체와 세무서 식원에게 문의해보니 지자체에서 제공하는 재산세 데이터를 세무서에서 받아서, 이를 주택분 종부세에 포함하는 것이라고 한다. 세무서 입장에서도 실제 법령이 그렇게 되어 있으니 전입 여부를 일일이 체크해서 주거용 여부를 따지는 것이 아니라, 주택분 재산세를 내는 오피스텔 데이터만 받아서 종부세에 포함하면 되기 때문에 그렇다(여기서 중요한 것은 이것은 종부세만 해당하고, 양도세는 실제 전입 여부에 따라 주택분으로 부과할 수 있다).

책에서 이 모든 내용을 다룰 수는 없겠지만, 오피스텔은 주거 및 업무용이 가능하다 보니까 지자체(서울시는 구청)마다 처리하는 방법도 천차만별이다. 실제로 전입해 '주거용'으로 사용하고 있어도 매수자가 바뀌면 '업무용' 오피스텔로 자동으로 변경되는 지자체가 있다. 반면 한번 '주거용'이었다면 매수자가 바뀌어도 다시 '업무용'으로 바꾸는 게 엄격한 지자체도 존재한다. 이는 구청마다 오피스텔을 보는 관점이 다르고 명확하게 법령이나 지침이 존재하지 않기 때문에 그렇다. 따라서 전세를 끼고 실제로는 주거용 오피스텔을 매수하더라도, 재산세 고지서상 '업무용'으로 초기화된다면 종부세에서 제외될 수 있다. 그러나 지자체에서 손바닥 뒤집듯 지침을 바꾼다면, '주거용' 재산세가 되어 종부세에 포함될 수 있으니, 매수 시점에 관할 지자체의 공무원에게 조심스럽게 물어보는 것이 좋다.

그러면 번뜩이는 아이디어가 떠오르는 독자도 있을 것이다. 주거용으로 매수해서 구청에 '변경신고서'를 제출해서 업무용으로 바꾸면 종부세에서 빠지지 않을까? 변경신고가 잘 처리된다면 맞겠지만, 구청에 따라 변경신고를 위해 엄격한 서류와 사진을 요청하는 곳도 있고, 그렇지 않은 곳도 있다. 영등포구청은 실제 사진과 업무용으로 사용하고 있다는 간판 사진, 사업자등록증과 관리사무소의 확인까지 요구할 정도다. 영등포구청은 준공업지대가 많다 보니 오피스텔이 많아서 관리 지침이 명확한 것 같다. 다음은 당산동에 있는 오피스텔의 잔금을 치르자 발송해온 문자다.

[오피스텔 현황 신고안내]
서울시 영등포구청 부과과 재산세 담당입니다.
귀하께서 당산2동 소재 주거용 오피스텔을 취득했습니다. 취득 후 사무용으로 변동사항이 생기면 반드시 신고하시기 바랍니다. 미신고 시 주거용 오피스텔로 과세됩니다.

※ 오피스텔 사무용 현황신고 시 구비서류 ※
1. 재산세 과세대상 변동신고서(구청사이트 '재산세과세대상변동신고서')
2. 사업자등록증, 임대차계약서
3. 관리사무소 발행 사무용 용도 확인서 1부
4. 내/외부 사진
팩스 : 02-2670-0000(전송 후 바로 전화 요망)

업무용, 주거용 현황을 구청에 올바르게 신고하는 것은 소유주에게 의무기 있다. 이를 대부분(?) 잘 지키시 않아 2016년 성남시에서는 지자체 중 최초로 주거용 오피스텔을 직접 방문해 전수조사한 사례가 있으

나 흔한 경우는 아니므로 참고만 하자.

그러면 매수하기 전에 주거용, 업무용 재산세 여부를 어떻게 알 수 있을까? 보통 현재 소유주가 아니면 개인정보를 이유로 잘 알려주지 않는다. 매도자나 공인중개사에게 부탁해서 구청 재산세 담당 부서에 전화해서 문의를 요청하자. 참고로 '주택임대사업자'를 낸 오피스텔들은 무조건 '주택분' 재산세가 고지된다. 오피스텔 투자는 구청 담당자마다 재산세상 용도를 분류하는 스타일이 모두 다르다. 종부세에서 주택분만 부과된다는 비밀이 있어서 더 흥미롭다. 꼭 기억하자. 재산세 고지서상 '건축물(업무용)'인 경우에는 주택분 종부세에 포함되지 않는다.

재산세 [납세의무자(　) 과세 대상(　)] 변동 신고서	처리기간
	즉 시

납 세 의 무 자	①성명(법인명)		②주민(법인)등록번호	
	③상호(대표자)		④사업자등록번호	
	⑤주소(영업소)			
	⑥ 전 화 번 호	(휴대전화:　　　　)	⑦ 전 자 우 편 주 소	

⑧재산소재지	⑨재산 종류	⑩용도/구조 (지목)		⑪면적 (수량)	⑫취득 일자	⑬변동사유		⑭소유자	
		공부상	현 황			연월일	사 유	사실상	공부상

「지방세법」 제120조제1항에 따라 위와 같이 재산세 [납세의무자(　) 과세대상(　)] 변동사항을 신고합니다.

년　　　월　　　일

신고인　　　　　　　　　　　　　　　　　(서명 또는 인)

시장·군수·구청장 귀하

※ 첨부서류 납세의무자 또는 과세대상 재산의 변동 내용을 입증할 수 있는 증거자료	수수료
	없 음

210mm×297mm[일반용지 60g/㎡(재활용품)]

재산세 과세대상 변경신고서 – 지방세법 시행규칙 별지 제64호 서식
(재산세를 주거용에서 업무용, 또는 업무용에서 주거용으로 바꿀 때 제출)

오피스텔 절세
꿀팁

오피스텔로 전세 레버리지를 활용해서 갭 투자를 하면 필연적으로 전입을 허용해야 한다. 그래야 임차인들이 전세대출을 받을 수 있기 때문이다. 그러나 문제는 이렇게 되면 일부 주거용 오피스텔로 간주해 종부세에서 주택 수로도 포함될 수도 있고, 공시가격에도 누적된다. 누군가는 주거용 오피스텔을 업무용으로 변경해서 종부세에서 빼는 방법을 알려주기도 한다. 그보다는 자녀나 가족 명의를 이용해 종부세를 절세하는 팁을 공유하고자 한다.

기본적인 아이디어는 종부세는 인별과세고, 미성년자 자녀 명의로 2,000만 원까지 증여할 수 있다는 점이다. 간단하게 말하면 미성년자 자녀 명의로 10년 주기로 2,000만 원을 증여한 후 무갭이나 플러스피가 가능한 오피스텔에 갭 투자를 하면 된다. 이때 주의해야 할 점은 취득세나, 중개수수료, 재산세 등을 증여한 금액 한도 내에서 지불할 수 있어야 한다. 대림역 와이즈플레이스 오피스텔은 매매가 1억 5,000만 원이고, 전세보증금은 1억 5,300만 원으로 300만 원 플러스피다. 이럴 때 취득세 등 등기비용 720만 원, 중개수수료 75만 원, 합계 795만 원을 지출하고, 300만 원 플러스피를 제하면 채당 495만 원 정도 지출된다. 이런 식으로 2,000만 원으로 3~4채를 사게 되면 2,000만 원을 모두 소진할 수 있다.

자녀 명의로 투자하면 3가지 장점이 있다. 첫 번째로 종부세는 인별과세이므로 자녀 명의 부동산은 종부세 과세표준을 분산시키는 효과가 있다. 즉, 내 명의로 사면 종부세가 몇백만 원이 부과될 것을, 자녀 명의로 하면 합법적으로 한 푼도 안 낸다.

두 번째로 양도세는 연간 합산해서 과세표준을 매기는데, 이 또한 인별과세이므로 한 해에 몰아서 매도해도 누진세율을 낮출 수 있다. 내 명의로 1억 5,000만 원 이상 팔게 되면 40%의 양도세율이지만, 자녀 명의로 하게 되면 6~35%로 확 내려가게 된다. 마지막으로, 이렇게 투자한 오피스텔이 50%만 올라도 1채당 세후 5,000만 원 이상 남기 때문에 증여세 없이 자녀에게 자산을 늘려줄 수 있다. 앞서 예를 는 대림역 와이즈플레이스 오피스텔 채당 5,000만 원씩 남기면 자녀 명의로 탈세 없이

2억 원이 생기는 효과가 있다(물론 순전히 시세가 50% 올라야 가능한 전제이지만 가능하다고 생각한다). 2억 원을 자녀에게 현금으로 증여할 때는 3,000만 원의 증여세를 내야 하므로, 이 방법은 큰 절세 효과가 있다.

자녀에게 증여하는 것은 1살이라도 어릴 때 하는 것이 좋다. 1살에 2,000만 원, 11살에 2,000만 원, 21살에 5,000만 원, 31살에 5,000만 원을 주게 되면 증여세 모두 비과세가 가능하다. 현금으로 증여하는 것도 좋지만, 증여한 돈이 인플레이션을 먹고 무럭무럭 크게끔 잘 가꾸어준다면, 자녀가 성년이 되어서 결혼할 때 서울에 작은 아파트 하나는 마련해줄 수 있을 것이다.

그런데 주의해야 할 점이 2가지가 있다. 첫 번째 문제는 미성년자 명의로 부동산을 매수하는 경우에는 새로 들어올 임차인의 전세대출이 거절되기도 한다. 일부 은행의 전세대출 거절 사유들을 살펴보면, 임대인이 법인이거나 미성년자인 경우도 있다. 갭 투자를 하는 데 임차인이 전세대출 가능한 은행의 범위가 줄어드는 것은 매우 큰 리스크다. 따라서 이미 전세가 맞춰졌고, 만기가 1년 이상 남은 일명 '세 안고 매매' 매물을 권한다. 이미 전세대출이 나갔고, 미성년자 임대인은 남은 기간 시세차익을 기다릴 수 있다. 또는 절대 금액대가 저렴한 1억 원대 전세 매물은 의외로 대출 없이 현금을 들고 오는 임차인들이 있다.

두 번째 문제는 이 전세가 만기가 되었을 때 발생한다. 자녀에게 비과세 금액인 2,000만 원만큼만 증여한 것이지, 임차인의 보증금 1~2억 원을 상환할 돈은 자녀에게 없기 때문이다. 바로 다음 임차인이 구해져서 전세대출 없이 들어온다면 괜찮겠지만, 그렇지 않고 돈을 돌려줘야 한다면 참 골치가 아프다. 이때 부모가 가진 현금으로 잠깐 내주는 것은 어떨까? 이는 증여에 해당한다. 국세청에서는 부담부 증여한 부동산에 대해서 '부채사후관리'라는 것을 한다. 미성년자의 경우 더욱 꼼꼼히 살펴볼 가능성이 크다.

그래서 필자는 '세 안고 매매' 매물의 전세 만기 시점에 1억 원 정도 증여하는 것을 고려하고 있다. 증여 과세표준 1억 원까지는 10%인 1,000만 원이기 때문에 낼 만한 금액이다. 혹자는 안 내도 될 1,000만 원을 왜 군이 자녀 명의로 갭 투자를 해서 내느냐고 물어볼 수 있지만, 내가 2년 동안 낼 종부세와 양도세를 합치면 1,000만 원을 훌쩍 넘을 것이라 예상한다. 더욱이 내가 죽으면 상속할 시점에 상속세로 내거나, 나중에 어차피 증여할 예정이라면, 먼저 내는 것도 괜찮은 절세 포인트라고 생각한다. 또 미리 증여해서 자녀 명의로 크게 불릴 수 있다면 괜찮은 재테크 방법이 아닐까?

증여금액	증여세율	누진 공제액
1억 원 이하	10%	없음
5억 원 이하	20%	1,000만 원
10억 원 이하	30%	6,000만 원
30억 원 이하	40%	1억 6,000만 원
30억 원 초과	50%	4억 6,000만 원

오피스텔 양도세의
비밀

오피스텔의 양도세(양도소득세) 자체는 복잡하지 않다. 오피스텔이라고 별도의 양도세율이 있는 것은 아니다. 국세인 양도세는 실질과세고 오피스텔은 주택으로 보기도, 사무실로 보기도 하기 때문에 그에 맞춰서 양도세율을 적용하면 된다. 문제가 되는 것은 매도할 때 오피스텔을 주택으로 볼 거냐, 사무실로 볼 거냐의 문제다. 다음 자료를 보면 개괄적으로 가늠할 수 있다.

2022년 기준	주거용	업무용
개인	2년 미만 70% 2년 이상 기본세율(6~45%)	1년 미만 50% 2년 이상 기본세율(6~45%)
법인	법인세(10~20%)+20%p	법인세(10~20%)

법인 명의로 업무용 상태로 매도해야 가장 저렴하다는 것을 단번에 눈치챘을 것이다. 그러나 양도세는 국세청에서 꼼꼼히 살펴볼 테니, 반

드시 매수하기 전부터 담당 세무서에 매도 상담을 받아보자. 지금부터 설명할 내용은 오피스텔만의 양도세율은 아니고, 모든 부동산에 적용되는 양도세율이니 이미 알고 있는 내용이면 넘어가자. 부린이라면 부동산 공부라고 생각하기를 바란다. 개인으로 매도했을 때는 주택이냐, 업무용이냐에 따라서 기간과 세율이 달라진다.

보유 기간	주거용(주택)	업무용(주택 외 건축물)
1년 미만	70%	50%
1년 이상 2년 미만	60%	40%
2년 이상	기본세율(6~45%)	기본세율(6~45%)

　여기에 지방세 10%도 붙기 때문에 주거용 오피스텔을 투자한 경우에는 반드시 2년 이상 보유 후에 매도하는 것을 권한다. 그리고 규제지역으로 지정된 지역의 경우, 주거용 오피스텔이라면 주택과 마찬가지로 다주택자 양도소득세가 중과될 수 있다(단, 2022. 5. 10 ~ 2023. 5. 9 양도세 중과 한시적 배제 적용). 그러나 아파트 시장이 얼어붙고, 조정지역해제 등으로 주택 양도세 중과는 앞으로 사라질 것으로 예측한다.

　양도세는 기본적으로 누진세율이고, 한 해에 양도하는 것을 합산과세하기 때문에, 명의와 매도 시기를 나누면 나눌수록 절세할 수 있다. 위에 언급한 기본세율은 다음 자료와 같다.

2022년 기준 / 과표	세율	누진 공제
1,200만 원 이하	6%	-
4,600만 원 이하	15%	108만 원
8,800만 원 이하	24%	522만 원
1억 5,000만 원 이하	35%	1,490만 원
3억 원 이하	38%	1,940만 원
5억 원 이하	40%	2,540만 원
10억 원 이하	42%	3,540만 원
10억 원 초과	45%	6,540만 원

양도세 측면에서 법인이 훨씬 유리하다. 법인은 보유 기간에 따른 세율이라는 것이 없어서 매수 후 다음 날 팔아도 법인세율을 적용받는다. 또한, 법인세는 올해 양도한 부동산을 한 번에 정산해서, 다음 연도 3월 31일에 일괄납부하기 때문에 자금을 몇 개월 더 굴릴 수 있는 장점이 있다. 법인으로 매도했을 시 적용되는 세율은 다음과 같다(200억 원 초과는 생략).

과세표준(양도차액)	주거용	업무용
2억 원 이하	법인세 10% + 20%p 추가 과세	법인세 10%
2억 원 초과~200억 원 이하	법인세 10% + 20%p 추가 과세	법인세 20%

개인과 법인의 작은 차이점이 있는데, 개인은 장기보유특별공제로 3년 이상 보유 시 6~30%를 공제받을 수 있지만, 법인은 장기보유특별공제가 없다. 그러나 법인은 종부세로 지출한 금액을 법인세에서 경비로 인정받을 수 있다. 보유 기간의 제한이 없이 일괄적으로 세율을 적용받는다는 점에서 법인 투자가 매우 매력적인 것이 사실이다.

독자들은 지금까지 내용을 읽으면서 '그럼 법인으로 사서 업무용으로 팔면 양도세 절세가 되겠군'이라는 생각이 들었을 것이다. 그러면 주거용인지, 업무용인지는 누가 판단하는 것일까? 해당 물건지의 담당 세무서의 양도세 담당 공무원이 판단할 일이다. 오피스텔을 주거용, 업무용으로 판단하는 명확한 법령이나 규칙 등은 아직 없다. 실질과세의 원칙에 따라서 주거용으로 사용했다면 주거용으로 과세하고, 사무실로 썼다면 업무용으로 과세한다. 필자도 이 부분에 대해서 여러 세무서에 물어봤으나 대답이 명확하지 않고, 다른 경우가 많아서 어떻게 기술해야 할지 고민이 많았다. 세무서 직원도 마찬가지로 어떻게 구분하느냐에 따라서 양도세 수천만 원이 왔다 갔다 하므로 꼼꼼하고 신중히 살펴볼 것 같다.

공무원은 문서로 확인되는 정보를 가장 선호한다. 공부상 주거용, 업무용으로 구분할 수 있는 가장 확실하고 간단한 방법은 '주민등록 전입 여부'와 '사업자등록'이다. 해당 오피스텔이 전입되어 있으면 주거용, 사업자등록이 되어 있고, 세금계산서를 발행하며, 전입이 되어 있지 않으면 업무용으로 볼 가능성이 크다. 임대차계약서와 중개대상확인설명서에 용도가 '업무용'으로 된 것을 근거로 '업무용'을 주장해볼 수도 있겠다. 그 외에도 가스요금, 수도요금 등의 공과금, 내부구조, 관리사무소 입주자 관리카드, 우유나 신문 구독, 우편물 등으로 주거용, 업무용을 구분한다고 알려졌지만 얼마든지 꾸며낼 수 있고, 공무원이 업무용으로 판단하기에는 부족하다고 생각된나(그래서 지인 투자자는 사업자등록과 세금계산서 발행까지 하고, 외부에 간판까지 부착하는 노력까지 하고 있다).

전입하면 → 주거용
전입 안 하고, 사업자등록 & 세금계산서 → 업무용

한 가지 팁을 주자면 사업자등록, 세금계산서까지 발행했지만, 임차인이 사실은 회사 기숙사로 사용해 '전입'을 한다면 주거용으로 판단될 가능성이 있다. 이런 억울한 경우를 미리 방지하기 위해서 업무용으로 임대차를 주고자 한다면, 임대차 계약서상에 '전입은 불가하며, 전입으로 인해 발생한 금전적 손해는 임차인이 배상한다'라는 문구를 집어넣는 것이 좋다.

지금까지 주거용으로 쓰다가 공실로 두고 매도했다면 '주거용'으로 판단될 가능성이 크다. 일부 세무서에서는 그동안의 임대차 이력 등으로 주거용, 업무용을 구분하기도 한다. 그래서 업무용으로 인정받고 싶다면, 확실하게 사업자등록과 세금계산서를 발행하고 전입하지 않아야 한다. 특히나 세율과 세법은 정책에 따라서 수시로 바뀌기 때문에 이 책이 쓰인 시점과 달리 바뀌었을 수도 있으므로, 양도 시점에 국세청 홈페이지의 양도소득세 관련 설명도 꼭 살펴보길 바란다. 매도 계약 전에 담당 세무서와 꼭 상담을 받길 권한다.

오피스텔 분양권과
부가세

이번에는 오피스텔 분양권 투자와 부가세에 대해서 알아보자. 오피스텔도 분양권 투자가 가능하고, 프리미엄으로 차익을 누릴 수도 있다. 오피스텔 분양권이 입주 시기가 다가오면 잔금을 치르고 취득세와 부가세를 내야 한다. 아파트 분양권 투자와는 달리 왜 오피스텔 투자는 부가세를 신경 써가면서 투자를 해야 하는 걸까? 근본적인 이유는 오피스텔은 공부상 주택이 아니고, '건축법'을 따르는 업무시설이기 때문에 발생한다.

우선 전매 가능 여부부터 알아보자. 100실 이하라면 전매제한 규제는 우선 없다(그래서 많은 분양현장에서 투룸 99실 분양이 많아서 원룸 오피스텔이 희소해졌다). 100실이 넘어가면 조정대상지역, 투기과열지구에서는 기본적으로 분양권 전매가 제한된다. 그런데 전매할 수 있더라도 '건축물의 분양에 관한 법률' 제6조의 3 제2항에 따르면, '분양계약 체결을 한 건축물의 경우에는 사용승인 전에 2명 이상에게 전매하거나 이의 전매를 알선할 수 없다'라고 되어 있다. 즉, 1명에게만 전매할 수 있다는 이야기다. 필자가 3채를 분양받아서, A씨에게 1채를 전매해서 넘겼다면, 나머지 2채는 A씨를 제외한 타인에게는 전매할 수 없다. 공동명의도 2인이므로 매수인이 공동명의라면 전매할 수 없다. 한 단지에 여러 채의 분양권을 매수하는 경우 전매를 못 하는 경우가 생길 수 있으니 주의하기 바란다. 오피스텔은 주택이 아니고 건축물이라서 그렇다. 아파트 분양권에서는 찾아볼 수 없는 제약이다.

오피스텔은 건축허가 당시에 주택이 아닌 업무시설로 승인을 받기 때문에 '건축물'로 봐야 한다고 했다. 그렇다면 오피스텔 분양권을 전매해서 양도소득세를 내야 할 때는 주택일까, 주택 외 건축물일까? 정답은 업무시설(주택 외 건축물)이다. 그래서 주택 분양권의 양도소득세율을 적용받지 않고 다음과 같은 세율을 적용받는다.

보유 기간	1년 미만	1년 이상 2년 미만	2년 이상
오피스텔 분양권 양도소득세+지방세	55%	44%	기본세율(6~45%)

예전에는 55%의 세율이라면 너무 가혹하다고 여겼으나, 주택은 1년 미만 보유할 경우 77%의 세율이다(2022년 8월 기준). 절반 정도의 세금은 이제 낼 만하게 느껴지니(?) 오피스텔 분양권이 상대적으로 매력적으로 보인다. 그래서 웃지 못할 해프닝이 벌어졌는데, 신길AK푸르지오 오피스텔과 도시형생활주택을 동시에 분양했는데 청약 서버가 다운되는 일

이 벌어졌다. 오피스텔은 평균 경쟁률 44.6 : 1, 최고 경쟁률 129 : 1이 나왔지만, 전매제한이 불가능했던 도시형생활주택은 완판되지 못했다. 수도권에서 전매할 수 있고 취득세 부담도 없으니 다들 프리미엄을 붙여서 단타로 전매할 목적으로 청약을 했던 모양이다.

부가가치세(부가세)에 관해서 이야기해보자. 본래 부가세는 재화나 용역을 '사업자'로부터 공급받은 최종소비자가 부담하는 것이다. 이를 판매한 '사업자'가 부가세를 대신 징수해 세무서에 납부하는 세금이다. 쉽게 말해서 우리는 편의점에서 과자 한 봉지를 1,100원에 사지만, 사실 그 속에 100원의 부가세가 들어 있고 판매 사업자가 이를 징수해 세무서에 납부한다. 오피스텔도 마찬가지다. 신규분양 사업자가 오피스텔이라는 건축물의 재화를 공급하면, 최종 소비자인 수분양자가 부가세 10%를 분양사에 납부해 분양사가 이를 세무서에 대신 납부하는 형태다.

아파트 매매 시에는 부가세 이야기를 들어본 적이 없을 것이다. 그 이유는 국민주택규모 이하(전용 85㎡)의 주택의 건축물분은 국민 필수재이기 때문에 면세다. 그리고 토지분 또한 부가가치를 창출할 때 반드시 필요한 항목으로 보고 면세 재화로 구분한다. 그렇기 때문에 전용 85㎡ 이하 주택을 매매할 때는 부가가치세 걱정을 할 필요가 없게 된다. 반면에 85㎡ 초과 주택을 거래할 때 공급자, 그러니까 매도자가 법인, 사업자면 부가세가 붙는다. 매도자가 개인일 때는 부가세가 없다.

하지만 오피스텔은 사정이 좀 다르다. 처음부터 업무시설로 건축허가를 받기 때문에 주택이 아니다. 주거용으로 사용할 목적으로 분양받았음에도 불구하고, 첫 입주 시에는 면적에 상관없이 분양자 모두가 건축물분의 부가세 10%를 내야 한다. 분양 시에는 용도가 정해지지 않았기 때문에 건축허가 승인 당시 용도인 업무용 시설 여부를 따지기 때문에 양도세도 상가의 양도세를 적용한다. 부가세도 그런 것이다. 취득세도 4.6%를 내야 하고, 부가세도 건축물분의 10%를 내려니 너무 아깝다는 생각이 들기 시작한다. 그때부터 수분양자들은 일반임대사업자를 내기 시작한다.

일반과세자로 일반임대사업자를 내면 당장은 부가세를 안 낼 수 있지만, 정말로 업무용 오피스텔로 사용해야 한다. 만약에 주민등록 전입을 했다면, 환급받은 부가세를 소급해서 토해내야 한다. 사무실로 인기가 없는 곳에 일반임대사업자를 내고 전입 금지 조항을 내세우면 전세임차인을 구할 수 없게 된다. 부동산 중개사무소부터 꺼리는데, 그 이유는 임차인들의 90%가 전세대출을 받고, 대항력 유지를 위해 전입이 필수적이므로 불가능하기 때문이다. 혹자는 전세권 설정으로 들어오는 임차인을 구하면 되지 않느냐라고 물을 수도 있다. 하지만 여의도나 강남의 일부 실제 사무실 임차 수요가 많은 곳을 제외하고는 그런 임차인은 드물다. 결국, 일반임대사업자로 받을 수 있는 임차인은 월세, 단기뿐인데, 매번 계약서에 '전입 금지'조항을 넣어야 하는 불편함도 있고, 혹여나 임차인이 이를 과세당국에 신고라도 할까 봐 조마조마하게 된다.

일반임대사업자 오피스텔을 중간에 매도하고자 말소하면 어떨까? 모든 부가세를 다시 내야 하는 것은 아니다. 건물분 부가가치세액 중 잔존가액의 일부를 납부해야 하는데, 보통 잔존가액은 부가세 1기에 5%씩 감가된다고 본다. 부가세 1기의 기간은 6개월이므로, 10년(20기)이 지나면 건축물분의 잔존가액이 0%가 된다. 이게 싫다면 다음 매수자가 포괄양도양수 승계로 매수한다면, 다시 처음부터 카운팅하는 것이 아닌 매도자와의 기간을 배턴 터치하게 된다.

이번에는 분양이 아닌 일반 매매에 관해 이야기해보자. 주택 임대는 면세사업이지만, 부동산 매매업은 과세사업이다. 그렇다면 주택 임대업인지, 매매업인지의 판단은 어떻게 할까? 이는 담당 세무서에서 판단할 문제다. 다만, 기존 사례를 살펴보면 8년 정도 임대로 주면 국민주택 면적과 상관없이 상시 주거용 임대로 판단했다(부가가치세과-1030, 2014. 12. 30, 사전-2021-법령해석 부가-0581). 이에 대한 근거는 '부가가치세법' 제14조 제2항에 있다.

상시 주거용 임대가 아니고 매도자가 법인 또는 사업자라면, 재화의 공급으로 보고 부가가치세가 발생한다. 우리가 분양사로부터 분양받을 때도 분양사가 법인 또는 사업자이기 때문에 부가세가 발생하는 것과 같은 원리다. 따라서 매도자가 법인 또는 사업자일 때 부가가치세가 포함인지, 별도인지 계약서에 명확하게 기재해야 한다. 반면에, 매도자가 개인인 경우라면 부가가치세가 발생하지 않는다.

법인으로 투자했을 때 '주거용 오피스텔'을 매도하게 되면 주택분 추가 과세가 붙는다. 그렇다고 주택이라서 부가세가 무조건 면세되는 것은 아니다. 최익의 경우 부가세도 내고, 주택분 추가 과세도 내야 할 수 있다. 법인으로 매도 시에 더 많은 세금을 내야 할 수도 있으니, 반드시 매도 전에 세무 전문가와 담당 세무서에 상담받아서 실수를 줄이자.

임대사업자 등록을
해야 할까요?

유튜브 채널을 운영하면서 많이 들어오는 질문 중 하나가 주택임대사업자, 일반임대사업자 등록을 하는 것이 좋냐는 질문이다. 오피스텔은 임대사업자가 의무인 줄 아는 사람들도 있다. 결론부터 말하면, 임대사업자는 내지 않는 편이 매도하기에 훨씬 수월하다. 앞서 이야기했지만, 부동산은 환금성이 가장 중요하고, 시세차익 목적으로 오피스텔을 투자한다면 임대사업자 등록을 추천하지 않는다. 각종 의무 때문에 팔기 어렵기 때문이다.

주택임대사업자는 예전에는 단기, 장기, 준공공 등등 여러 가지 세분화가 되어 있었다. 지금은 모두 폐지되고, 장기일반민간 임대주택만 남아 있다. 10년의 유지의무가 있지만, 사실상의 혜택은 없다고 봐도 무방하다(2022년 8월 기준). 재산세나 임대소득세가 아까워서 주택임대사업자에 등록하는 투자자는 사실 많지 않다. 대부분 주택 수 배제나 양도세 혜택을 원한다. 신축 입주는 그나마 취득세 감면이라는 혜택이 있지만, 의무에 비하면 너무 적다고 느껴진다. 혜택은 미미한데 의무는 무겁다. 그렇다고 되돌릴 수도 없다. 한번 시작한 주택임대사업자는 의무기간 중간에 말소하려면 과태료를 내야 한다.

혜택(신규, 10년)	주택임대사업자 의무
취득세 : 신축 분양자만 일부 감면 종부세 : 배제 안 됨 양도세 : 조정지역 중과(단장특공 가능) 재산세, 소득세 : 일부 감면	등기부등본 부기등기 임대료 5% 증액 제한 임대보증보험 가입 의무(임대인 부담) 의무기간 10년 준수(3,000만 원 이하 과태료)

주거용이 아닌 업무용으로 일반임대사업자를 하는 것은 어떨까? 처음에는 건축물분의 부가세를 환급받을 수 있으니 돈을 아낀 것 같다. 하지만 전입이 안 되므로 전세 임차인을 구할 수가 없다. 아니면 아예 사무실로 임대해야 한다. 이것도 저것도 싫어서 말소를 시키려니 환급받은 부가세를 일부 토해내야 한다. 그게 싫어서 포괄양도양수로 매물로 내놓으면 거래가 안 되기 일쑤다. 전세가 안 되다 보니 매수자는 투자금이 많이 들고, 의무 또한 양수되는 것이므로 꺼려져서 결국 팔기도 힘들다.

애초에 임대사업자는 국가에서 혜택을 주는 만큼 의무도 부담시키기 마련이다. 필자는 다른 것보다 '기간'이라는 의무감이 생기는 순간 거부감이 든다. 가장 중요하게 생각하는 게 환금성인데, 임대사업자 말소 시 과태료나 부가세 때문에 환금성이 떨어지는 상태가 되는 것은 투자자에게는 족쇄를 단 것이나 다름없다. 더군다나 2년마다 전세보증금을 증액해서 재투자를 해야 하는데, 5%밖에 증액하지 못하는 것도 치명적인 단점이다(그러니 임차인에게는 더할 나위 없이 좋은 제도가 분명하다. 5%만 증액하면 장기간 거주할 수 있기 때문이다).

2022년, 새로운 정부가 출범하면서 연내 '등록임대사업자 제도'의 정상화 방안을 내놓을 계획이다. 비(非)아파트 상품 중 소형 면적을 임대주택으로 등록 시 '종부세 합산 배제와 양도소득세 중과배제 등의 혜택을 내놓는다'라는 내용이다. 책을 쓰고 있는 시점(2022년 8월)에 구체적인 내용이 발표되지 않았지만, 종부세 배제와 양도세 중과배제는 임대주택 등록을 할 만한 요인이 분명하다(그동안은 정책적인 이유로 주택 수에 포함되어서 시세가 내려갔지만, 이것이 해결된다면 오를 것이 분명하다). 그런데도 필자는 임대사업 등록을 하지 않으려 한다. 왜냐하면, 오피스텔을 시세차익형으로 접근했고, 2~3년 내 매도해야 할 시기가 올 것이라고 보기 때문에 환금성이 중요하기 때문이다. 종부세는 감수하는 것이고, 양도세는 기본세율로 낼 수 있다면 만족하기 때문이다. 세금은 더 낼 수 있어도 엉덩이가 가벼워 다른 투자처로 금세 갈아탈 수 있는 상태가 훨씬 마음이 편하다. 다만, 한두 채만 투자하거나 월세를 받을 목적으로 10년 정도 장기 투자하는 경우라면 적합하다고 생각한다.

오피스텔을 잘 팔고 싶은가? 그렇다면 공실로 두고, 아무런 사업자도 없는 깨끗한 상태로 만들어라. 하얀 도화지 같은 상태의 오피스텔을 매물로 두면, 다음 투자자 입맛에 맞는 매물로 변신할 수 있으므로 매도가 쉬워진다. 백지 같은 상태라면 실거주자라도 부담 없이 매수할 수 있다. 임차인도 없고, 승계받을 임대사업자도 없기 때문에 모든 범위의 매수자를 모두 커버할 수 있다. 그래서 필자는 수십 채의 오피스텔을 모두 개인 명의로 아무런 임대사업자 없이 투자했다. 종부세는 나오겠지만 내도차익이 훨씬 크다고 봤고, 양도세는 어차피 차익분에서 내는 것이므로 중과만 아니라면 매도할 만하다. 한 채당 가져가는 수익은 줄어들 수 있어도 수십 채를 하면 일반인들은 만지기 힘든 큰돈을 벌 수 있다. 결국, 자기 성향에 맞춰서 결정해야겠지만, 2~4년 내 시세차익을 보고 나오려는 투자자에게는 임대사업자는 적합하지 않다.

오피스텔 주택 수
총정리

　무주택자나 1주택자가 오피스텔 투자를 많이 알아보지만, 투자까지 실행으로 이어지기 어려워하는 경우를 많이 봤다. 가장 큰 이유가 현재 갖고 있는 무주택·1주택 지위를 오피스텔 투자로 인해 잃게 될까 봐 우려하기 때문이다. 오피스텔이 때에 따라서는 주택 수에 포함되기도, 안 되기도 하기 때문에 긁어 부스럼을 만들까 봐 아예 투자에 배제해버리는 것이다. 명의를 유지하면서 돈 벌 기회를 놓칠까 봐 따로 강조해서 설명하려고 한다. 한눈에 볼 수 있게 다음 자료를 만들었으니 체크해보기 바란다.

구분	재산세 : 주거용 현황 : 주거용	재산세 : 업무용 현황 : 주거용	재산세 : 주거용 현황 : 업무용	재산세 : 업무용 현황 : 업무용
대출 시 주택 수 (오피스텔은 미포함)	미포함	미포함	미포함	미포함
청약 시 주택 수 (오피스텔은 미포함)	미포함	미포함	미포함	미포함
주택 취득 시 주택 수 (재산세가 중요)	포함	미포함	포함	미포함
종부세 합산 (재산세가 중요)	포함	미포함	포함	미포함
양도세 시 주택 수 (현황이 중요)	포함	포함	미포함	미포함

대출

대출상 오피스텔은 주택 수에 포함되지 않는다. 한국주택금융공사 (HF)에서 출시한 디딤돌대출, 보금자리론, 적격대출이 금리가 저렴한 편이라서 인기가 좋다. 주택금융공사에서 주택 수를 계산할 때는 주택법상 주택만을 고려하면 된다. 오피스텔은 주택이 아니다. 주택법시행령에 의해 '준주택'으로 분류되고, 준주택은 '주택 외의 건축물'이라고 법률에 명시되어 있다. 따라서 오피스텔은 대출 시 주택 수에 포함하지 않는다. 생활안정자금대출도 마찬가지로 추가주택구매 금지 서약을 쓰는데, 오피스텔은 주택에 포함하지 않는다.

청약 시 주택 수 포함 여부

오피스텔의 강점은 청약 시 주택 수에 포함되지 않는다. 이유는 대출을 따질 때와 마찬가지로, 주택법상 준주택이기 때문이다. 다음은 청약

home의 자주 묻는 질문의 한 내용이다. 여러 채를 갖고 있어도 무주택자 지위로 청약할 수 있다.

취득세 시 주택 수 포함 여부

이제부터는 경우의 수가 나뉜다. 주택 취득세 중과가 달려 있으니 조심해야 한다. 예를 들어 2020년 9월 1일에 오피스텔을 2채를 취득하고, 무주택 지위로 아파트 청약에 당첨되어 입주 시기가 되었다고 가정해보자. 아파트 취득 시 몇 주택자로 봐야 할까? 오피스텔 실제 전입 여부는 여기서는 중요하지 않다. 가진 오피스텔이 재산세 고지서상 '주택'이라면 주택 수에 포함, 재산세 고지서상 '건축물(업무용)'이라면 주택 수에 미포함된다. 그러므로 주택 취득 시 취득세 중과를 피하려면 미리 오피스텔을 매도하던가, 업무용 오피스텔로 구청에 변경 신고해야 한다. 자세한 내용은 오피스텔 취득세 편에서 다뤘다.

종부세 주택 수 및 가액

종부세 시에 주택 수 및 가액 여부 또한 재산세 고지서상 '주택분'이면 포함되고, '건축물(업무용)'이라면 미포함된다. 마찬가지로 실제 전입 여부는 종부세 포함 판별에 중요하지 않다. 작은 오피스텔 때문에 다주택자로 분류되어 세금폭탄이 두렵다면, 처음부터 재산세상 업무용 오피스텔을 골라서 사는 것도 방법이다. 지세한 내용은 종부세 편에서 다뤘다.

양도세 시 주택 수 및 주택으로 보는지, 아닌지

제일 까다로운 부분이 양도세다. 재산세상 주택 여부는 중요하지 않고, 실제로 현황상 어떻게 사용했는지가 중요하다. 전입 여부나 사업자 등록 여부를 통해 주거용, 업무용을 판단해서 맞는 세율을 적용한다. 전입된 오피스텔 1채, 아파트 1채를 갖고 있다면, 매도하는 순서에 따라 아파트 양도세가 비과세가 될 수도, 수억 원이 될 수도 있으니 양도세는 정말 신중해야 한다. 세무서 직원마다 관점이 다른 게 오피스텔 양도세다. 그러므로 매도계약 전에 담당 세무서의 양도소득세 담당 직원에게 미리 문의해보고 공무원 성향도 미리 체크해보자.

앞의 자료를 보면, 모든 경우에 주택으로 포함되지 않는 경우는 '재산세상 건축물이고, 실제로도 사업자를 등록해 업무용'으로 사용할 때다. 주택 수를 따지고 이런 것이 번거롭고 오피스텔 투자를 하고 싶다면 진짜 '사업자 매물의 오피스텔'을 매수하면 된다. 투자금은 조금 더 들 수 있어도 세금 부분에서 명확하고, 오피스텔 시세차익도 조금이나마 함께 맛볼 수 있다. 말 그대로 사무실을 보유하는 것이라 여러 채를 보유해도 일반적으로 세금 부담이 없다. 대신에 전입이 안 되면 전세 레버리지를 사용하기가 힘들어진다. 그리고 사업자 임차인의 수요가 많은 오피스텔 입지여야 공실 걱정이 없다.

업무용 오피스텔의
비밀

　앞서 청약, 대출, 취득, 종부세, 양도세의 때에 따라 주택 수에 포함되거나, 포함되지 않는 경우를 모두 따져봤다. 이전 자료 상단에 재산세(주거용, 업무용)와 현황(주거용, 업무용)으로 나누어져 있는데, 이를 판단하는 것도 알아보겠다.

　우선 재산세상 주거용인지, 업무용인지 알아내는 가장 확실한 방법은 소유주로서 재산세 담당 공무원에게 문의해서 내 오피스텔이 주거용인지, 업무용인지 알아내는 것이다. 재산세는 지방세이므로 당연히 담당 지자체(구청)에서 관리한다. 그렇다면 구청에서 오피스텔을 주거용, 업무용으로 따지는 기준은 무엇인가? 기준이 구청마다 모두 상이하지만, 공무원들에게 가장 확실한 근거는 '전입 여부'다. 전입이 되어 있으면 주거용으로 볼 여지가 있다(그렇다고 전입이 안 되어 있다고 반드시 업무용으로 보는 것은 아니다).

실제 어느 구청 공무원에게 다음과 같이 질의해봤다. 일반임대사업자를 내고 사업자에게 업무용으로 임대하더라도, 직원이나 누군가가 전입을 했다면 그것은 주거용 오피스텔로 볼 여지가 있다는 것이다.

셀프등기를 하러 마포구청에 취득세 신고를 하러 간 적이 있었다. 필자는 취득세 신고서상 용도를 건축물대장에 적힌 용도대로 업무시설이라고 그냥 적어서 냈다. 담당 공무원이 매매계약서와 취득세 신고서를 유심히 보더니 "이거 전세 세입자가 있는 거죠?"라고 물어보길래, 솔직하게 "네, 전세 끼고 사는 거예요"라고 대답했다. 그러더니 "업무시설로 적으셨어도 주거용으로 부과될 수 있어요"라고 짧게 말하고, 취득세 신고서를 접수했다.

여기서 알 수 있는 것은 2가지다. 첫째는 취득세 신고서를 접수하는 공무원들은 전입 여부를 행정망으로 별도 조회를 하기보다는(추정) 매매계약서를 근거로 주거용 여부를 판단한다. 둘째는 취득세 신고서를 신청받는 공무원도 이게 주거용, 업무용 중 뭐가 될지 확신하지 못한다는 것이다. 왜냐하면, 행정동별로 업무가 나뉘어 있어서 처리하는 담당 공무원의 재량에 따라서 주거용이 될 수도, 업무용이 될 수도 있기 때문이다.

여러 구청에 전화하면서 놀랐던 점은 구청과 담당 공무원마다 처리하는 방식이 모두 달라서 재량에 따라서 너무 다르다는 점이다. 이는 명확한 지침이나 기준이 없어서기도 한데 보통 다음 3가지의 방식 중 하니다.

1. 기존에 있던 형태가 그대로 유지된다.
2. 업무용(건축물분)으로 초기화한다.
3. 소유자가 바뀌는 순간의 실제 현황대로 조사해서 바꾼다.

경험상 1번 유지방식이 가장 많았고, 2번 초기화방식을 하는 구청도 꽤 있었다. 한 가지 더 흥미로운 점은 인근 구청의 방식을 많이 참고한다는 점이다. 예를 들어 구로구에서 2번 방식을 한다면, 인근 금천구, 관악구, 광명시도 2번 방식을 취한다.

마곡지구에 대해서도 1번 유지방식이냐, 2번 초기화방식이냐 의견이 분분했다. 그 이유는 마곡지구의 법정동은 모두 마곡동이지만, 행정동은 가양1동, 발산1동, 방화1동 이런 식으로 나누어 있다. 이것을 처리하는 담당 공무원들이 속해 있는 팀도 달랐다. 같은 강서구청이더라도 팀 내부에서 처리하는 각자의 방식이 있어서, 마곡지구 매수자가 모두 다른 처리방식을 경험한 것이다.

단, 한 가지 확실한 것은 주택임대사업자로 등록한 매물은 재산세상 '주거용'으로 변경된다. 주택임대사업자를 말소하더라도 기존 것을 그대로 유지하는 1번 방식을 택한다면, 그대로 주거용이 될 가능성이 있다. 그래서 주변 투자자 중에는 주택임대사업자 매물을 기피하는 투자자도 있다.

양도세의 경우에는 재산세와는 달리 실제 사용 현황이 더 중요하다고 앞서 다뤘다. 다시 한번 정리하자면, 전입했다면 주거용으로 볼 가능성이 크다. 업무용 오피스텔로 인정받고 싶다면 전입하지 않고, 사업자등록을 한 후에, 세금계산서까지 발행하면서 임대차 계약서도 '업무용'으로 작성할 것을 권한다.

국세기본법의 실질과세 원칙에 따라 양도세도 실제 현황이 가장 중요하다. 실제 현황을 따지는 것은 담당 세무서의 양도세 담당 직원이다. 매도 계약서를 작성하기 전에 반드시 먼저 세무서의 상담을 받아보자. 담당 공무원에게 조언을 구할 수도 있고, 성향도 사전에 파악할 수 있다. 상담받은 대로 미리 철저하게 준비해서 안 내도 될 수천만 원, 수억 원의 양도세를 억울하게 내는 일이 없도록 하자.

무주택자, 1주택자가
명의 문제를 해결하는 방법

유튜브를 운영해보니, 의외로 다주택자만 오피스텔에 관심을 두는 게 아니었다. "저는 무주택자인데, 오피스텔을 첫 투자로 해도 될까요?", "저는 1주택자인데 일시적 1가구 2주택 비과세하고 싶은데, 오피스텔을 사도 될까요?"라는 질문은 수도 없이 받았다. 필자 같은 전업 투자자가 아닌 무주택, 1주택자들에게도 오피스텔은 저평가이고 매력적으로 보였던 것 같다. 그들이 무주택, 1주택 신분을 유지하고 싶은 이유는 다양했다. 아직 자가 구매를 못 해서 주거용 오피스텔을 사면 취득세 중과가 될까 봐, 분양받은 아파트가 있는데 신축 등기 시에 취득세가 중과받을까 봐, 일시적 1가구 2주택 비과세를 위해서 등등….

무주택자, 1주택자가 명의 문제를 깔끔하게 해결하는 방법이 있다. 바로 법인을 세우고 법인 명의로 오피스텔을 취득하는 것이다. 법인은 또 하나의 인격체다. 내가 법인대표고, 1인 법인으로 오피스텔을 취득하더라도 나오는 별개의 인격체이기 때문에 별개의 명의다. 법인으로 부동산 투자를 할 경우 취득세, 보유세, 양도세를 이야기해보자. 본점이 비수도권인 법인은 취득세는 4.6% 고정이고, 양도세는 업무용일 경우 법인세율 10~20%, 주거용일 경우 여기에 +20%p 중과된다. 문제는 2주택 이상 보유한 법인의 경우 종부세가 6%가 넘는다(농어촌특별세까지 포함하면 실질적으로 7%가 넘는다). 그러므로 재산세가 '업무용'으로 고지된 오피스텔을 매수해야겠다(이에 대한 자세한 내용은 '오피스텔 보유세' 편을 참고하기 바란다).

연이어서 항상 "저는 직장에서 겸직금지라서 법인은 못 합니다"라는 대답이 들려온다. 그래도 겸직금지 직장을 다니면서 법인을 세우는 경우를 꽤 봤다. 역으로 어떻게 회사 인사과에서 "○○씨 법인 세웠네?"라고 알 수 있을지 생각해봤는가? 가장 쉬운 방법은 법인대표로 급여를 받으면, 소득이 늘어나 건강보험료에 변동이 생긴다. 인사과 급여담당자가 조금 유심히 본다면 탄로가 날 수 있겠다. 하지만 내가 법인으로부터 별도의 급여를 받아가지 않는다면, 회사 측에서 알아내기가 힘들어서 많은 직장인이 법인으로 몰래 투자를 하고 있다. 회사 일도 열심히 하고, 재테크도 열심히 하자. 필자는 겸직금지가 두려워 법인 투자를 안하는 것보다, 법인 투자를 안 해서 재테크의 기회를 놓쳐 부를 늘리는 기회를 놓치는 것이 더 두렵다. 설령 적발되더라도 일 잘하는 직원이라면 퇴사를 시키지는 않을 테고, 그때 법인 투자를 멈추면 어떨까?

그래도 법인으로 투자하는 것이 꺼려진다면 개인으로 투자하면서 무주택, 1주택 지위를 유지하는 방법이 하나 있다. '진짜 업무용' 오피스텔을 투자하면 된다. 업무용 오피스텔은 주택 외 건축물이고, 상가를 소유하고 있다고 생각하면 쉽다. 그래서 무주택자, 1주택자 지위를 유지할 수 있다. 여의도, 강남역, 서초법원, 서울시청 등 주요 업무지구에는 '업무용' 오피스텔에 대한 수요가 있다. 오피스텔을 대출 70%로 받아 매입하고, '업무용'으로 월세를 받자. 물론 사업자등록과 세금계산서 발행도 필수다. 담당 구청에도 업무용으로 신고되었는지 확인하자. 용도변경신청서 제출 등을 통해 재산세를 반드시 '주택 외 건축물'로 변경해서 서류상 근거를 완벽히 해놓자.

이어서 들어오는 질문은 "저는 전세를 주고 싶은데, 업무용 오피스텔에도 전세로 들어오나요?"라는 것이다. 결론부터 말하면 쉽지 않다. 90% 이상의 임차인들이 전세대출을 받고 들어오는데, 대항력을 갖추기 위해서는 전입이 필수다. 그러나 전입을 하게 되면 '양도세 판단' 시에 주거용 오피스텔로 간주할 가능성이 있다. 결국, 전입이 안 되면, 전세보증금을 보호를 못 받고 전세대출을 못 받는다. 그러면 들어올 수 있는 임차인의 폭이 확 줄어들게 된다. 전세대출 없이 현금을 들고 오는 임차인이 있더라도 전입이 안 되면 전세보증금의 보호를 받기 힘들어서 '전세권 설정'을 꼭 허락해줘야 한다(여의도 오피스텔의 임대차를 맞추면서 경험한 것은 '전세권 설정'을 해서 법인들이 전세 임차인으로 들어오려는 문의가 있었다. 아마 현금 융통이 쉬운 금융가의 특성이 아니었나 짐작한다).

결과적으로 업무용 오피스텔을 투자하려면 월세 투자가 되는 것이고, 대출을 최대 70%까지 받는다고 해도 투자금이 전세 갭 투자에 비해 훨씬 많이 들어가게 된다. 2억 원의 오피스텔이라고 가정하면 1억 4,000만 원을 대출받아도, 취득비용 약 1,000만 원, 현금 6,000만 원이 있어야 투자할 수 있다. 하지만 명의 문제로부터 자유로우면서 오피스텔 상승장에 소외되지 않으면서 월세 수익까지 올릴 방법이다. 이렇게 업무용 오피스텔로 투자하고 싶다면, 반드시 오피스 수요가 풍부한지 사전에 조사 후 투자하길 바란다.

또 필자에게 많이 들어오는 질문 중 하나가 30여 채를 투자하면서 왜 법인이 아닌 개인으로 투자하냐는 질문이다. 법인이 보유 기간에서는 압도적으로 유리한 것은 맞으나, 재산세상 주거용 오피스텔은 종부세가 7.2%로 무겁기 때문에 손댈 수 없다. 법인의 장점은 단기 매매가 가능하다는 점이다. 하지만 취득세가 4.6%로 초단타로는 적합하지도 않고, 양도세를 낼 때 결국 주거용으로 매도할 것이기 때문에 개인 양도소득세율이나 법인세율에 주택 중과를 하는 것과 크게 차이가 없다고 봤다. 오히려 개인으로 투자하는 경우 종부세가 저렴(?)하고 가족 명의를 잘 활용하면 양도세도 분산되어 더 저렴할 수도 있다. 제일 중요한 이유는 오피스텔이 2~3년간 오를 것에 확신이 서기 때문에 굳이 단타를 칠 필요가 없다고 생각했다.

이번 주제와는 별개로, 필자는 다주택자의 길을 선택하는 것을 추천하고 싶다. 무주택자는 인플레이션이라는 파도 위에서 헤엄치지 않고 가만히 있는 것과 같다. 1주택자는 겨우 헤엄쳐서 제자리를 유지하는 것이다. 다주택자는 고무보트에 모터를 달고 파도를 타는 것과 같다. 부동산에 투자하면 세금이 많지 않냐고 걱정하는 지인들에게 필자는 항상 "질세로는 빠르게 부지기 될 수 없다"라고 이야기한다. 5년 안에 50억 원 부자가 되기로 했는데, 일시적 1가구 2주택 비과세를 하면서 50억 원 부자가 될 수 있을까? 해외 주식 22%의 세율이 아까워서, 비과세 요건만큼만 주식 투자를 한다면 주식으로 부자가 될 수 있을까? 1년에 세금을 3억 원을 내더라도 10억 원을 벌어가면 그만이다. 어떤 자산의 상승을 확신한다면, 세금을 두려워하지 말고 과감히 베팅하는 것이 빠르게 부자가 되는 방법이다.

부자가 되려면

부자가 되려면…. 부자의 기준은 뭘까? 매년 KB금융그룹에서 발간하는 〈한국부자보고서〉에 따르면, 순자산으로 부동산 50억 원, 금융 자산 30억 원을 소유해야 부자라고 본다(중간값). 개인마다 정한 기준은 다르겠지만, 필자는 순자산 50억 원을 갖고 있다면 부자라고 생각한다. 그 이유는 상가 건물의 수익률이 2%에서 4% 사이인데, 대출 없이 50억 원 건물을 갖고 있다면, 월 800만 원에서 1,600만 원까지 월세를 받을 수 있기 때문이다. 그 정도라면 원하는 곳에, 갖고 싶은 물건을 사고, 원하는 일을 마음대로 할 수 있을 것 같다. 그러나 목표를 구체화할수록 달성할 확률이 높다. 그래서 필자는 40살 전에 순자산 50억 원을 목표로 달려가고 있다.

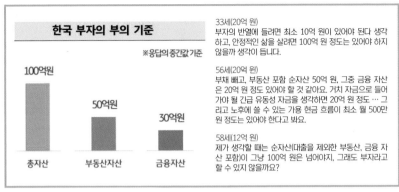

한국 부자의 부의 기준

※응답의 중간값 기준

100억원 — 총자산
50억원 — 부동산자산
30억원 — 금융자산

33세(20억 원)
부자의 반열에 들려면 최소 10억 원이 있어야 된다 생각하고, 안정적인 삶을 살려면 100억 원 정도는 있어야 하지 않을까 생각이 듭니다.

56세(20억 원)
부채 빼고, 부동산 포함 순자산 50억 원, 그중 금융 자산은 20억 원 정도 있어야 할 것 같아요. 거치 자금으로 들어가야 될 긴급 유동성 자금을 생각하면 20억 원 정도 … 그리고 노후에 쓸 수 있는 가용 현금 흐름이 최소 월 500만 원 정도는 있어야 한다고 봐요.

58세(12억 원)
제가 생각할 때는 순자산(대출을 제외한 부동산, 금융 자산 포함)이 그냥 100억 원은 넘어야지, 그래도 부자라고 할 수 있지 않을까요?

2021년 한국의 부자 보고서 　　　　　　　　　　　출처 : KB금융그룹

어떻게 하면 50억 원을 모을 수 있을지 생각해봤는가? 연봉이 1억 원인 맞벌이 부부가 연 1억 5,000만 원씩 저축하면 33년이 걸린다. 현실적으로는 더 걸릴 것이다. 근로소득은 답이 없다.

대한민국에서 부자가 되는 방법은 3가지다. 주식, 코인으로 크게 대박이 나거나, 사업소득이 기하급수적으로 늘어나거나, 부동산 투자가 대박이 나는 것이다. 이 3가지 방법의 공통점은 내 시간이 소모되는 근로소득이 아니라, 자산 또는 직원이 일해서 번 돈이라는 것이다. 필자는 부동산 외에는 딱히 자신이 없어서, 부동산을 택했다.

- 근로소득의 함수 = Σ(연봉 × years) → 일차함수, 등차수열
- 주식, 사업, 부동산의 함수 = Σ(투입한 자산 × 연수익률 × years) → 지수함수, 등비수열, 기하급수적

한 가지 확실하게 말할 수 있는 것은 부동산은 총자산의 크기를 키우지 않으면 빠르게 부자가 될 수 없다. 투자금 2억 원을 갖고 오피스

텔 2억 원짜리를 20채를 샀다고 하자. 총자산으로 따지면 40억 원이고, 연 5%씩 물가가 오른다면, 5년 뒤에는 총자산이 51억 원으로 늘어난다. 연봉 1억 원 맞벌이 부부가 모으는 속도보다 총자산이 큰 부동산 투자자의 자산 증식 속도가 11억 원으로 훨씬 빠르다. 물론 장부상 자산만 늘어난 게 아니라 회수되는 전세보증금은 덤이다. 그래서 항상 주변인들에게 입버릇처럼 하는 이야기가 "총자산의 그릇을 키워라"다. 주식과는 다르게 부동산은 안전한 레버리지를 사용할 수 있다. 전세가율이 높은 상품을 공략하면, 자본금이 많이 없어도 총자산을 늘릴 수 있다. 혹자는 깡통 오피스텔은 위험하지 않냐고 물어볼 수 있지만, 그 리스크를 관리해서 수익까지 내는 게 진짜 실력이다.

또 한 가지 하고 싶은 말은 '절세와 젊은 부자는 함께할 수 없다'라는 것이다. 많은 구독자나 지인들이 물어본다. 다주택으로 투자하게 되면 실거주도 비과세를 못 받고, 여러 채를 매수와 매도하게 되면 종부세나 양도세가 부담되지 않느냐고 한다. 일시적 1가구 2주택 비과세하게 되면 2년마다 집을 이사가야 하기도 하거니와 비과세를 2년이 지나야 받을 수 있다. 운 좋게 10억 원 하던 집이 12억 원이 되었다고 가정하더라도 겨우 한 채, 2억 원 비과세다. 그보다 그 집으로 담보대출을 조금 받아서 투자금 2억 원으로 오피스텔 2억 원짜리를 20채 사서 5,000만 원씩 남겨서 49%의 양도세를 냈다고 가정해보자. 양도차익만 5억 원이 넘는다. 이 속도라면 5억 원은 다시 2년 뒤에 12억 원이 된다. 50억 원에 다다르는 속도를 비교 계산해보면 절세 재테크로는 '빠르게 부자는 못 되겠다'라는 결론을 내릴 수 있다. 등차수열은 등비수열의 속도를 따라잡을 수 없다. 부자와 세금은 필연적이라고 받아들이는 것이 빠르다.

부의 역사를 공부해보면 부자는 위기에서 탄생했다. IMF, 서브프라임모기지 사태, 2013년 서울 아파트…. 모두가 말릴 때, 큰돈을 베팅한 사람만이 부자가 되었다. 젊은 부자가 탄생하는 방법은 한 가지다. 위기에서 큰돈을 베팅하면 된다. 그러려면 위기에서 용감해야 하고, 용감하려면 확실한 공부로 상승에 대한 확신이 뒷받침되어야 한다. 2022년 여름을 기점으로 서울 오피스텔은 바닥에서 고개를 들고 있다. 빠르게 부자가 되고 싶다면 모두가 말릴 때, 서울 오피스텔에 과감하게 투자하라. 한 채, 두 채만 하는 것으로는 목돈을 만질 수 있겠지만 부자는 못 된다. 크게 베팅할 수 있는 자신감은 자산에 관한 공부와 연구에서 나온다. 깊이 연구하고 자기 확신을 갖고 투자하자.

30대의 젊은 부자가 많이 탄생했으면 하는 마음에서 이 책을 집필하기 시작했다. MZ세대들은 대학교를 졸업하고 사회에 나왔더니 아파트 매매가는 3배가 올라 있다. 허탈하기 짝이 없다. 그러나 그들이 자료가 없어서 마지막 상승장인 오피스텔 시장을 놓치지 않았으면 하는 마음에 긴 시간을 들여서 책을 쓰고 유튜브를 하게 되었다.

출간된 지 얼마 안 된 시점에 이 책을 읽는 독자는 필자가 사기꾼, 투기꾼으로 보일지도 모르겠다. 하나도 오르지도 않은, 아무도 거들떠보지 않는 소형 오피스텔로 부자가 될 수 있다니 말이다. 필자와 이 책에 대한 평가는 2025년에 되었으면 좋겠다. 필자도 내가 2년 뒤에 얼마만큼의 순자산을 갖고 있을지, 유튜브 채널이 얼마만큼 성장해 있을지 궁금하다. 요란한 책을 읽어주신 독자 여러분께 감사드린다.

롱런하는 부동산 투자 원칙

시장은 절대 100% 예측할 수 없다

부동산은 수학공식처럼 딱딱 떨어지지 않는다. 경제 시장, 정부 규제 같은 외부요인과 대중심리에 의해서 언제 시장 상황이 급변할지 모르니 예측이 100% 맞을 것이라고 확신하면서 투자하지 말자.

바닥에 사서 허리에 팔아라

시장을 예측하는 것이 불가능한 것과 비슷한 맥락이다. 바닥에 사면 매수, 전세가 너무 쉽다. 하지만 절대 꼭대기까지 상승분을 다 먹으려고 하지 말자. 매도가 안 된다. 욕심을 버리고 다음 매수자가 먹을 것도 남겨주고 팔아야 매도가 쉽다.

믿을 것은 공급량밖에 없다

공급량은 시장에 나온 매매 물량과 신규 입주량이다. 신규 입주 물량은 착공에서 입주까지 2년 정도 걸리므로 유일하게 예측할 수 있는 데이터다. 공급을 항상 체크해서 입주가 몰리는 시기에 투자는 피하자.

편견 없이, 자기 철학을 갖고 투자하자

아파트만 부동산이 아니다. 빌라, 오피스텔, 상가, 토지, 지방 중소도시까지 골고루 살펴보자. 세상에 영원한 것은 없다. 영원히 오르는 자산도 없고, 영원히 떨어지는 자산은 없으니 저평가된 자산을 편견 때문에 놓치지 말자. 남의 말을 듣기보다는 투자 서적, 기사, 주변 투자자들을 만나보고 스스로 깊이 생각히는 습관을 들어 자기만의 인사이트를 가지려고 노력하자.

처음부터 끝까지 매도가 중요하다

부동산 투자는 환금성이 생명이다. 매수하기 전부터 매도를 생각하면서 매수하라. 누가 내 물건을 사줄 것인지 생각하면서 매수에 임해라. 위기가 왔을 때 환금성이 뒷받침되지 않는다면 한 번에 무너질 수 있다. 투자금이 더 들더라도 환금성이 있는 매물을 고르자.

호재에 투자하지 말고, 수요와 공급을 보고 투자하라

착공되었더라도 호재가 바뀔 수도 있다. 시장 상황이 안 좋으면 호재도 아무 소용없다. 호재보다는 수요와 공급에 근거해서 투자하자. 오히려 호재가 생겼을 때 일시적으로 거품이 생기니, 이때 매도를 생각하라.

대중과 반대로 행동하라

대중은 항상 늦다. 언론에 상승 기사가 연일 보도될 때 슬슬 매도를 준비하라. 하락 기사가 도배되고 모두가 매수를 말릴 때가 매수 적기다. 반대로, 부동산에 부정적이던 사람이 매수할 때와 스타벅스에서 부동산 이야기만 들릴 때가 매도 시기다.

부동산 투자는 심리가 80%다

대중심리를 감시해라. 대중에는 부동산 커뮤니티 글, 공인중개사, 전문가, 가족, 친구, 주변 이웃 모두를 포함한다. 이들이 어떻게 생각하는지 항상 물어보고 관찰하자.

내가 절대우위에 서 있는 독보적인 투자를 해라

경제적 우위에 서는 투자를 해라. 하락장에 매수하면 매수자 우위에서 각종 조건을 달고 투자할 수 있다. 당연히 전세 매물이 내 것뿐이기에 반짝반짝 빛이 난다. 모두가 강남역 오피스텔에 투자할 때 아무도 투자하지 않는 신림역에 투자하면 내 전세 매물이 독보적이다. 모두가 매수하고 싶어 안달이 났을 때 매도 매물을 내놓으면 내 매물이 가장 눈에 띈다.

35살, 35채로 인생을 바꾸다

오피스텔 투자 바이블

제1판 1쇄 2022년 10월 20일
제1판 4쇄 2024년 10월 8일

지은이   정철민
펴낸이   허연   **펴낸곳**   매경출판(주)
기획제작 (주)두드림미디어
책임편집 이향선, 배성분   **디자인**   얼앤똘비악earl_tolbiac@naver.com
마케팅   김성현, 한동우, 김지현

매경출판㈜
등록 2003년 4월 24일(No. 2-3759)
주소 (04557) 서울시 중구 충무로 2(필동1가) 매일경제 별관 2층 매경출판㈜
홈페이지 www.mkbook.co.kr
전화 02)333-3577(원고 투고 및 출판 관련 문의)
이메일 dodreamedia@naver.com
인쇄·제본 ㈜M-print   031)8071-0961
ISBN 979-11-6484-471-5 (03320)

백만장자 과외쌤
꼬마빌딩 건축

신방수 세무사의
확 바뀐
상가
빌딩
절세 가이드북

우대빵과 함께하는
성공 부동산
중개사무소
창업

투영하게 공성하게 부동산 중개 시장을 바꾼다

수익률과 회복을 두 마리 토끼를 잡는
지식산업센터
투자의
정석

닥치고 현장!
소액자본으로
부동산
부자되기

신방수 세무사의
부동산 증여에
관한 모든 것

부자 경매의 시작
알기 쉬운
기초 경매

신방수 세무사의
2022
확 바뀐
부동산 세금
완전 분석

라엘과 함께 공부하는
셀프 경매
바이블

실전 사례로 풀어보는
상가 셀프
경매의 정석

닥치고 현장!
부동산에
미치다

실제 따라 하고
빠르게 도전하는
빌라
투자
방정식

DEVELOPER
부동산 투자의 제4물결
디벨로퍼
경매

부동산 슈퍼리치만 아는
투자 비밀

SUPER RICH

월세
보증금으로
부동산 산다
반값 생활 경매 솔루션

신방수 세무사의
1인
부동산
법인
하려면 제대로
운영하라!

대박나는 부동산 중개
핵심
공인중개사
실무 교육

부동산
경매·공매
특수물건
투자 비법

빌딩이에서 상가 투자로 건물주 되다
거지였던 나는
상가 투자로
32억
건물주
가 되었다

공매 투자,
지금이 기회다

직장인도 따라 할 수 있는
별장펜션 창업

한 권으로 끝내는
토지 투자 성공식

임장의 여왕이
알려주는
부동산 투자 전략

'발칙한 발상'이
부동산 성공 투자를
부른다

토지, 상가의 성공 투자법

미니
재개발·재건축의
모든 것

당신의 경매 달음구가 달아올
이기는
부동산 경매의
비밀

종·부세
핵폭탄 대비하는
완벽 솔루션

신방수 세무사의
이제 부동산 세금을 알아야
주택 보유&
처분 할 수 있는 시대다

투자 전, 꼭 알아야 하는
상가임대차법

부동산 경매,
초보에서
탈출하라

우대혜의 내 집 마련 콘서트
초규제 시대,
부동산 투자의 정석

신방수 세무사의
2021
확 바뀐
부동산
세금
완전 분석

돈이 되는 부동산
vs
돌이 되는 부동산

신방수 세무사의
양도
소득세
완전
분석

사례로 풀어보는
지분경매
지분경매 해결 TWO 기둥
= 소송 + 협상

신방수 세무사의
부동산 거래 전에
자금출처부터
준비하라!

부동산 관리도
경영의 시대

부동산 관리와
종합서비스

신방수 세무사의
상속분쟁 예방과
상속
증여
절세 비법

김 과장도 돈 버는
셰어하우스

부동산 재테크
역세권이 답이다

세무사 고수만이 알려주는:
세무조사 대비의 모든 것

향후 5년 부동산 정책 핵심 공략
문재인 시대 부동산 트렌드

주택 연출가 무조건 따라하기

커피 한 잔 값으로 초대형 오피스 주인 되기
리츠 얼리어답터

고수익을 안겨주는   블루오션 토지 경매
신의 한 수 금맥경매

주택 아파트 세무 가이드북
실전편

권리분석 완전정복으로 10년 안에 10억 벌기

고수가 알려주는 돈의 타짜 땅 투자법을 담은 것
대한민국을 움직이는 땅 투자 법칙 100

땅투자 10단계 절대불변의 법칙

돈의 보감
평범한 샐러리맨, 투잡 경매로 **5년에 10억 벌다**

나는 갭 투자로 300채 집주인이 되었다

토지 세무 가이드북
실전편

新 상가 투자 보물 찾기

상가 세무 가이드북
실전편

NPL 가격 산정의 비밀

응답하라!! 위기의 부동산

나는 토지 경매로 금맥을 캔다

토지보상경매 실전활용

세무조사 실무 가이드북
실전편

야생화의
기초 경매

자산을
블링블링 키우는
포인트 경매

국토도시계획을 알아야
부동산 투자가 보인다

불패의
부동산
36계 전략

GLOBAL
REAL ESTATE
해외 부동산
투자 & 개발 바이블

부동산 경매
대법원 판례집

유치권
깨트리는 法
지키는 法

新
부동산
경매
바이블

울보멘토
야생화의
경매이야기

Perfect
퍼펙트
경매

NPL
투자분석과
계약실무

NPL
랭킹업
투자비법

REAL ESTATE
RICHES
부동산 부자들

손품 팔아
부동산
보물찾기
블로그 마케팅편

NPL의
定石

지지 않는
권리분석
VS
이기는
명도

이것이 진짜
토지
투자다

부동산 투자 운영
매뉴얼

경매
학교종이
어서
모여라!

(주)두드림미디어 카페 (https://cafe.naver.com/dodreamedia)
Tel. 02-333-3577 E-mail. dodreamedia@naver.com